Criminología y Justicia Refurbished #1

Criminología y Justicia Refurbished #1

Participan en este número: Antonio Silva, Diego Maldonado, Carlota Barrios, Roberto Alonso Ramos, Guillermo González, Javier Nistal y Jose Servera.

Edita: Criminología y Justicia.

www.crimyjust.com

dirección@crimyjust.com

ISSN-e: 2174-1697

Contenido

Memento Mori

Antonio Silva. @Romman_yeah

"No reciten versos a la criatura del umbral; ¡Que arda en la luz pura!; Luz que dura; Luz, dura" (Pérez, 2015)

España es eliminada de la Eurocopa, el opio del pueblo se ha esfumado cual nebulosa de arena desértica disgregándose poco a poco en nuestra sociedad. Ahora ya nos podemos ocupar de profundizar en la debacle político social de este país, o tal vez no, aún nos quedan unos meses de playa, hardcore y balconing (Palma, 2016). Mientras tanto, un activista sin techo protesta por la invisibilidad de los mismos "50.000 sin techo no han votado hoy" dictaba la pancarta en Génova durante la celebración de la victoria electoral (ElHulffPost, 2016). El infortunio no es la ausencia de sus votos, obviamente este es el reclamo más visible en el momento contractual más oportuno. La tragedia de este colectivo camina entre un continuum desde el padecimiento de los acerados sevillanos al rojo vivo tras jornadas completas a 45° C hasta la más profunda carestía de alimentos en una sociedad en la que a diario podemos observar atentos como se arrojan miles de alimentos por el mero hecho de que tenemos sustento económico suficiente para podernos permitir más. Sociedad del riesgo (Beck, 2006), sociedad del consumo (Baudrillard, 2009), sociedad inapelable donde juzgamos a muchos de estos homeless que otrora vestían cuello blanco (Sutherland, 1937 y 1947), sociedad líquida... (Bauman, 2002). Entre tanto, vemos que el Brexit (BBC, 2016) apenas ha mermado aun las cifras de turismo en Magaluf o Salou y que el balconing se ha convertido en un deporte extracomunitario, aunque sigue manteniendo altos sus índices de participación (Palma, 2015). Sociedad del bienestar curiosa esta, que viste sus galas ante quien prefiere un suicidio egoísta (Durkheim, 1989) que a quién se le maltrata institucionalmente hasta llevarlo a la muerte.

Fuente: Lagarder Danciu

¿Qué tiene que decir la Criminología ante este panorama? Si hacemos una reflexión profunda en el panorama español, vemos que esta es una ciencia que no está siendo aprovechada, pero a su vez tampoco la misma está profundizando en algunas temáticas que son de importante calado para entender la etiología criminal. Estamos cayendo en la deriva de Matza (2014), moviéndonos entre mareas de cuantitativismo vs cualitativismo, entre status y beneficios económicos, entre titulitis y PhD's vacuos. Hemos de creer en nuestro capital criminológico y no caer en aquello que precisamente hemos de evitar. No podemos estudiar la desviación sin salir a la calle, no podemos entender únicamente la fenomenología criminal leyendo, hay que observar, vivir, salir de nuestro entorno de confort. Así como tampoco es válido solo entender el poliedro criminológico (Bernabéu, 2016) desde la experiencia subjetiva y tendremos por tanto que expandir, comparar, replicar, etc. Nuestros resultados. Hemos de dejar de un lado las luchas entre la cátedra de los Stark y la de los Lannister, es tiempo de dejar de vender humo en congresos ante ojos ávidos de conocimientos que constituyen el pilar de nuestro futuro. Somos responsables todos de generar criterio, sensibilidad y buen hacer en el panorama criminológico. Es un imperativo categórico enviar una misiva al leviatán académico para pactar un nuevo escenario donde un doctor entienda que tal status conlleva una responsabilidad para con la sociedad y no solo un aumento meramente monetario, que no es lícito que se impongan unas barreras sobre qué o cuantas temáticas tratar, ya sea explícita o implícitamente, los tabúes totémicos no han de tener cabida en la ciencia de lo desviado y no podemos ni debemos limitarnos a trabajar sobre las mismas temáticas manidas que ya han sido versadas en una infinidad de ocasiones sin aporte significativo nuevo. Hay que frenar también el constante bombardeo por parte de los medios de diferentes tipos de victimización que terminan produciendo hartazgo ante el fenómeno y perjudicando más si cabe a las víctimas (Höijer, 2004). Hemos de ser serios a la hora de abordar un estudio, no podemos basarnos únicamente en un supuesto abstracto que no se acerca a la realidad del líquido amniótico de la urbe o de las fibras de silicio del ciberespacio. Nuestra dirección es, por tanto, desarrollar los principios de esta ciencia en España con criterio y racionalidad para que, ahora sí, sea una tarea irrenunciable para el Estado y sus diferentes poderes el incluirnos y estimarnos necesarios en la amplia amalgama de campos en los que podríamos aportar un sustento importante.

No es lícito de ninguna de las maneras, que mientras cientos de refugiados sirios estén haciendo cola para entrar en nuestro país a buscar al menos un poco de sustento, nosotros estemos preocupados por haber sido eliminados de una competición deportiva. Así como tampoco es racional que teniendo un corpus criminológico con tantas posibilidades en este país, veamos como disponemos de un aparato penal sexista basado en falacias argumentativas sin peso empírico alguno (Manjón, 2009) que se han autoimpuesto como credo a través de una tercera ola feminista corrompida que tras el hartazgo de siglos de sometimientos y de casas con techo de cristal (Burin, 2008) ha decidido luchar por el empoderamiento y no por la equidad. Hay que dar un giro a esta perspectiva y los responsables somos nosotros mismos. Los criminólogos tenemos como misión vital en este contexto espaciotemporal el dar a conocer la problemática real, el aportar soluciones y sensibilizar con racionalidad a la población. Mas ello no lo podremos hacer si partimos de una base sesgada, de un idiotismo cultural implícito, de un habitus tóxico que nuestros infantes absorben desde su niñez (Bourdieu, 1986 y 1989).

"No hemos de escandalizarnos", he oído en algún que otro congreso, "lo mismo que ocurre aquí sucede en otros muchos países". Es cierto, solo tenemos que observar como el inefable presupuesto para medidas de seguridad durante la competición futbolística francesa y su diferencia con las ayudas efectivas a los ya citados refugiados (Núñez, 2016), la amplia difusión del Mein Kampf (Hitler, 2003) en Alemania (Valero, 2015) o el xenófobo Brexit británico (CNN, 2016) son solo algunos de los ejemplos de países en los que precisamente nuestra ciencia está más reconocida y evolucionada. Lo que nos ha de llevar a dilucidar de forma crítica, el cambio no ha de ser solo a nivel nacional, sino supranacional. Hemos de volver a las raíces de la Criminología, al estudio de campo de la Escuela de Chicago, al interés estadístico de Quételet, a la prostituta lombrosiana, a la certeza de la legalidad de Beccaria o el estudio de las instituciones totales de Goffman o Foucault. Pureza, conocimiento, contacto con la realidad, extrapolación, elaboración de políticas preventivas y tratamientos reinsertadores, etc. Si bien es cierto que debemos adaptarnos a nuestros tiempos y que nuestra ciencia debe mutar necesariamente para acotar fenomenologías como la del ciberespacio (Margalef & Silva, 2016), si también es cierto que el individuo ha trascendido en cyborg (Pérez, 2016), también lo es que debemos de erigir una barrera impertérrita para que las consecuencias negativas de una macrosociedad capitalista divagante no haga mella en nuestro rumbo, no podemos convertirnos en una suerte de piezas de una maquinaria de ideologías sistémicas impregnadas de un burdo mercantilismo (Briggs, 2016). No podemos permitirnos dejarnos seducir por un despacho, por un status en la comunidad científica erigido sobre pilares de barro, por un sueldo exagerado o unas intrigas que nos permitirán hablar por encima del hombro a nuestros colegas, más centrados todos en el propio desarrollo del iter victoriae que en la entidad más íntima y principal de la Criminología, el estudio de los demás ya fueren agresores, víctimas o comunidad. Más aún cuando todas estas metas sociales por las que podemos llegar a prostituir los postulados ontológicos de la Criminología no dejan de ser una obsolescencia programada (Briggs, 2016), son metas absolutamente perecederas y vacuas.

Pero ¿de qué valdría venir a un entorno como Criminología y Justicia a hacer una reflexión como la anterior sin a cambio no hacer nada? Como diría alguno de nuestros compañeros "Criminólogo no hay camino, se hace camino al andar" (Gómez, 2012). Por ende, nosotros vamos a aportar un grano de arena al llevar a cabo un proyecto hasta ahora inexistente en España, crear un espacio donde lo esencial sea la divulgación de conocimientos sin ataduras académicas, despojados totalmente de interés alguno o de influencias socio políticas, institucionales o de cualquier otra índole, vamos a centrarnos en hacer Criminología sincera, con contenido y entidad. Por tanto, os animamos a adentraros en esta primera edición de lo que hemos llamado "Criminología y Justicia Refurbished". Un espacio donde multitud de autores os llevarán de la mano con criterio y rigor por temáticas de muy diversa índole, muchas de las cuales no se acostumbran a tratar actualmente en España o parten de un prisma alternativo. Seremos, pues, la primera revista divulgativa, crítica, filosófica, etc. Entorno a la Criminología en este país y, a su vez, será un reclamo obligado a estudiantes y profesionales de este y otros ámbitos poder penetrar en la metanarrativa de cada artículo, en la semiótica del lenguaje más profundo y aceptar los guantes lanzados a modo de duelo. Reaccionando mediante la investigación de nuevas temáticas, adoptando postulados desviados (Silva, 2016) de lo marcado hasta ahora por la academia o incluso animándose a participar con nosotros en este proyecto publicando y haciéndonos a todos partícipes de la magnanimidad del pluralismo ideológico y la transversalidad de nuestra ciencia (Serrano, 2009). Como decíamos en el título, recuerda que puedes morir, ergo eres mortal. En este contexto, recuerda que nada es para siempre, que no hay una verdad absoluta e imbatible, es necesario aunar conocimientos y dejar de recitar a la criatura del umbral que debe o no debe hacer cual soliloquio mundano y tóxico para centrarnos en prender la auténtica llama de conocimiento criminológico y hacer que la misma perdure dotada de un dinamismo híbrido que aporte solidez deontológica y constante adaptación a la fenomenología delictual. Sean bienvenidos al inicio del cambio.

Bibliografía

- Baudrillard J. (2009). "La sociedad del consumo, sus mitos, sus estructuras". Madrid: Siglo XXI.

- Bauman Z. (2002). "Modernidad Líquida". Madrid: Fondo de Cultura Económica de España SL.

- BBC (2016). "Qué es el Brexit y cómo puede afectar a Reino Unido y a la Unión Europea". BBC versión digital. Obtenido el día 29 de Junio de 2016 en: http://www.bbc.com/mundo/noticias-internacional-36484790

- Beck U. (2006). "La sociedad del riesgo: Hacia una nueva modernidad". Madrid: Paidós Ibérica.

- Bernabéu F. (2016). "Criminología poliédrica". En conferencia IV Encuentro de Representantes de Estudiantes de Criminología. Elche: UMH.

- Bourdieu P. (1986). "The Forms of Capital". En Richardson J.G. (ed.) Handbook of Theory and Research for the Sociology of Education. New York: Greenwood Press.

- Bourdieu P. (1989). "Simbología y pensamiento escolástico. A propósito de la Arquitectura Gótica y el Pensamiento Escolástico". Papers, vol. 31, pp. 9-13.

- Briggs D. (2016). "Una lectura ligera acerca de historias oscuras del mundo del consumo: La obsolescencia programada en su contexto capitalista avanzado". En J. Soto (Ed) Aproximaciones jurídicas a la obsolescencia programada, Bogotá: Universidad Externado de Colombia.

- Burin M. (2008). "Las "fronteras de cristal" en la carrera laboral de las mujeres. Género subjetividad y globalización". Anuario de Psicología, vol. 39, n° 1, pp.75-86.

- CNN (2016). "Aumentan los incidentes xenófobos en Reino Unido tras la votación del Brexit". Obtenido el día 29 de Junio en: http://cnnespanol.cnn.com/2016/06/28/aumentan-los-incidentes-xenofobos-en-reino-unido-tras-la-votacion-del-brexit/

- Durkheim E. (2012). "El Suicidio". Madrid: Akal.

- ElHuffPost (2016). "Rajoy tras un pequeño incidente bajo el balcón de Génova: "¡Ahí están los malos!"". Obtenido el día 29 de Junio de 2016 en: http://www.huffingtonpost.es/2016/06/27/rajoy-genova_n_10690128.html

- Gómez L. (2012). "PuraCriminología". Obtenido el día 29 de Junio de 2016 en: http://www.puracriminologia.com/

- Hitler A. (2003). "Mi lucha: Mein Kampf, discurso desde el delirio". Barcelona: Fapa Ediciones.

- Höijer B. (2004). "The discourse of global compassion: The audience and media reporting of human suffering". Media, Culture & Society, vol. 4, n° 26, pp.513-531.

- Manjón A. (2009). "La mujer víctima de la violencia de género". En García Pablós A. (ed.) Víctima, prevención del delito y tratamiento del delincuente. Granada: Comares.

- Margalef A. & Silva A. (2016). "El Ciberespacio Como Medio de Control. Un nuevo concepto de Panopticón". En Servera J. (ed.) Cyborg Is Coming. Palma de Mallorca: Criminología y Justicia.

- Matza D. (2014). "Delincuencia y deriva. Cómo y por qué algunos jóvenes llegan a quebrantar la ley". Madrid: Siglo XXI.

- Palma I.M. (2015). "Balconing, muertes sin número". ABC versión digital. Obtenido el día 29 de Junio de 2016 en: http://www.abc.es/espana/20150608/abci-balconing-estadisticas-cifras-201506051223.html

- Palma I.M. (2016). "Herido grave un joven británico en Magalufal caerse de un balcón". Diario de Mallorca versión digital. Obtenido el día 29 de Junio de 2016 en: http://www.diariodemallorca.es/sucesos/2016/05/27/herido-grave-joven-britanico-magaluf/1121047.html

- Pérez J. R. (2015). "No reciten versos a la criatura del umbral". En conferencia III Encuentro de Representantes de Estudiantes de Criminología. Barcelona: UAB.

- Pérez J.R. (2016). "We are Cyborgs: Developing and theoretical model for undersanding criminal behavior on the Internet". Huddersfield: University of Huddersfield.

- Serrano A. (2009). "Introducción a la Criminología". Madrid: Dykinson.

- Silva A. (2016). "La desviación como elemento demiúrgico. Un nuevo renacer". Criminología y Justicia. Obtenido el día 29 de Junio de 2016 en: http://cj-worldnews.com/spain/index.php/es/criminologia-30/filosofia-criminologica/item/2935-la-desviacion-como-elemento-demiurgico-un-nuevo-renacer

- Sutherland E. (1937). "The professional thief". S/l: Phoenix Books.

- Sutherland E. (1947). "Principles of Criminology". Philadelphia: Lippincott.

- Valero C. (2015). "La biblia nazi se reedita 70 años después". El mundo versión digital. Obtenido el día 29 de Junio de 2016 en: http://www.elmundo.es/internacional/2015/12/11/5669c09ee2704ecd1f8b45d9.html

Las conversaciones de Whatsapp como medio de prueba en el proceso penal

Revisión de algunos casos

Diego Maldonado. @_diego91_

Estado de la cuestión

El desarrollo de los llamados *"smartphones"* ha permitido la aparición de las aplicaciones de mensajería instantánea como Whatsapp, Line o Telegram, que, mediante conexión a internet, permiten a los usuarios mantener conversaciones bidireccionales (de persona a persona) o multidireccionales (a través de los grupos). Este tipo de aplicaciones no solo ha provocado que los teléfonos móviles se usen cada vez menos como medio para establecer únicamente conversaciones, sino que también ha tenido su impacto en la esfera de lo jurídico en general y en la esfera de lo penal, en particular.

De todos estos servicios de mensajería instantánea, la aplicación Whatsapp es la más usada mundialmente y, a pesar de sus innegables ventajas como la practicidad, rapidez y su bajísimo coste, puede ser también objeto de uso indebido por parte de algunas personas, pues es fácilmente manipulable. Tanto es así, que los tribunales han tenido que tomar algunas decisiones acerca del valor que las conversaciones de Whatsapp y servicios similares pueden tener como prueba en un juicio.

Ante el panorama hasta ahora descrito, el objetivo de este artículo es analizar la capacidad de las comunicaciones generadas a través de Whatsapp como medio probatorio en el proceso penal. Para ello, hemos de entender previamente cómo funciona el servicio de mensajería instantánea, pues parece que esta cuestión es la que más se tiene en cuenta por los tribunales a la hora de aceptar o no las conversaciones vía Whatsapp como medio de prueba. Una vez analizado el tema, se procederá a comentar algunos casos en los que la aplicación ha sido protagonista.

El funcionamiento de Whatsapp y sus problemas de seguridad.

El funcionamiento de la aplicación objeto de análisis tiene dos momentos claves separables: su modo de transferir y almacenar la información antes y después de 2014.

Si se hace un repaso de la historia, el servicio de mensajería instantánea tiene sus inicios en el año 2009. Desde entonces, no fueron pocos los problemas en cuanto a la seguridad y vulnerabilidad del servicio, lo que provocó fuertes críticas por parte de sus usuarios, que no dudaron en cambiarse a otras aplicaciones similares. Tal era la poca seguridad de la aplicación que en 2012 se creó una página web que permitía cambiar el estado de cualquier usuario de Whatsapp. El problema en ese momento es que el servicio usaba texto plano, es decir, los mensajes no estaban cifrados y era sumamente fácil acceder a ellos e incluso modificarlos. Esto provocó que en la primavera de ese mismo año se dejara de usar el texto plano para cifrar los mensajes, es decir, para ponerles como una especie de candado para que no fuera tan fácil acceder a ellos, pero esos "candados" aun eran demasiado débiles y seguían apareciendo más problemas de Hackeo y Crackeo.

Como consecuencia de tales vulnerabilidades, en 2014 Whatsapp, con la ayuda de otra empresa externa, decidió mejorar la seguridad de sus comunicaciones e incorporó el sistema "Cifrado de extremo a extremo". Explicado de forma sencilla, cada mensaje que enviamos a alguno de nuestros contactos lleva una clave que sólo se descifra cuando el mensaje es recibido por

el emisor, y cada texto, video, imagen, documento o nota de voz
que enviemos tiene una clave distinta.

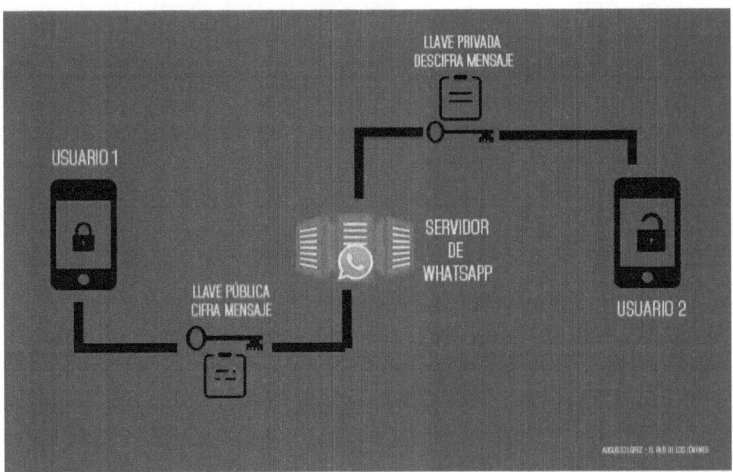

Fuente: El País de los jóvenes

Como se observa en la imagen, la llave que cifra el mensaje no se
almacena en el servidor de Whatsapp, sino en el teléfono móvil
del usuario que envía el mensaje. Como consecuencia de esto,
ni siquiera los administradores de la aplicación tienen acceso a
los mensajes y archivos que enviamos, de manera que si todos
o algunos de los comunicantes borran todo o parte de la conversación, la misma desaparece del terminal desde que se pro-
cede el borrado. Al proceder a la eliminación, la conversación se
almacena en la memoria flash del teléfono, pero en el momento
que ésta se quede sin espacio, los contenidos se borran automá-
ticamente. Así pues, el administrador de la aplicación se limita a
garantizar el envío y recepción de los mensajes entre los comunicantes.

Aunque este sistema parezca ideal para preservar la intimidad
y seguridad de nuestras conversaciones, el hecho de que Whatsapp no almacene copia de lo que enviamos en sus servidores
supone un quebradero de cabeza para aquellos procesos penales
en los que se ha aportado, como prueba por alguna de las partes,
las comunicaciones a través del servicio de mensajería instantánea, pues el cifrado de extremo a extremo (end-to-end) no

permite a las autoridades acceder a los mensajes. En Estados Unidos, por ejemplo, el FBI tiene serias dificultades para investigar los mensajes enviados desde los terminales de sujetos sospechosos, entre los que se encuentran terroristas.

La consecuencia de todo esto es la evidente facilidad para eliminar todos o algunos de los mensajes, cambiando así el contexto y sentido de la conversación, además de manipular los contenidos de la misma, sus comunicantes e incluso la hora en la que los mensajes o archivos fueron enviados. De hecho, en 2014, la Asociación de internautas publicó un informe sobre las distintas posibilidades para alterar los mensajes recibidos en Whatsapp. Sin detenernos a analizar pormenorizadamente cada uno de ellos, podemos señalar algún ejemplo al alcance de todos y sin necesidad de poseer conocimientos técnicos, como es el hecho de añadir un nombre de usuario a la persona que se quiere dañar, simular el envío de mensajes y, a partir de ahí, aportar al proceso las capturas de pantalla de las conversaciones, alegando luego la pérdida, borrado o destrucción de los mensajes o incluso del propio teléfono móvil.

Así las cosas, puede comprobarse que las vulnerabilidades del sistema son numerosas, por lo que será difícil que, a partir del soporte en el que se aporta la prueba, podamos considerar la validez de la misma de forma fehaciente. Salvo en casos de prácticas periciales por expertos informáticos, ni la fe del Secretario Judicial podría acreditar que se han producido esas conversaciones sin lugar a dudas.

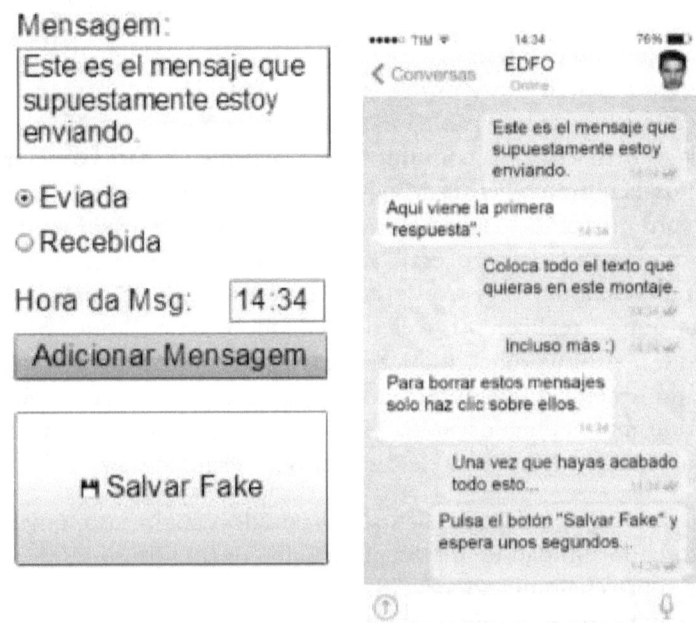

Ejemplo de programa informático que permite crear conversaciones falsas en Whatsapp. Fuente: Editarmisfotos.

La contemplación de los servicios de mensajería instantánea por las leyes procesales.

Llegados a este punto cabe hacerse una pregunta: ¿tienen las conversaciones de Whatsapp cabida en las leyes procesales? En 1882, año en que se publica nuestra Ley de Enjuiciamiento Criminal (en adelante LEcrim), era impensable la existencia de correos electrónicos, redes sociales y mucho menos de aplicaciones como Whatsapp, por lo que es obvio que los documentos y comunicaciones generados a través de estos medios no se contemplaran como elementos de pruebas en el proceso penal. La citada ley no habla especialmente de estos medios probatorios y el artículo 230 de la Ley Orgánica del Poder Judicial se refiere a los programas y aplicaciones destinados a desarrollar la actividad jurisdiccional, pero no a los medios de prueba que se extraen de los soportes telemáticos.

No obstante, cada vez son más los casos en los que las partes implicadas aportan capturas de pantalla o conversaciones transcritas que han mantenido a través de la aplicación objeto de análisis, para dar fuerza y probar su argumentación o testimonio. Por ello, y por la innegable incidencia de las nuevas tecnologías de la información y la comunicación como medio para cometer delitos, la última reforma de la LEcrim contempla "otras formas de comunicación telemática que han carecido de tratamiento normativo en la ley procesal". El nuevo texto autoriza entonces la intervención y registro de las comunicaciones de cualquier clase que se realicen a través del teléfono o de cualquier otro medio o sistema de comunicación telemática, lógica o virtual, siendo necesario que el juez motive suficientemente la necesidad de interceptar los SMS, MMS o cualquier otra forma de comunicación telemática de carácter bidireccional.

A pesar de que la LEcrim haya incorporado a su decimonónico texto la posibilidad de interceptar cualquier tipo de comunicación sobre cualquier soporte informático, esta
interceptación está más bien delimitada a ciertos delitos, como los de terrorismo o los que se cometen en el seno de una organización criminal, y lo que se está valorando en este artículo es la validez de las conversaciones de Whatsapp que son aportadas por las propias partes del proceso. Por tanto, a pesar de que esta ley abarque ahora un campo no regulado anteriormente en el ámbito de lo procesal, tal regulación se limita a los momentos, principios y formas en las que se tienen que hacer esas interceptaciones, sometiéndola a los principios legales previstos en la ley para, así, garantizar el respeto por los derechos fundamentales previstos en la Constitución.

A pesar de lo anterior, nada impide acudir a una ley subsidiaria y más moderna, como lo es la Ley de Enjuiciamiento Civil. En su artículo 299.1, regula los medios de prueba que pueden ser aportados por las partes al proceso. A partir de este artículo se deduce que los archivos, textos, fotografías, videos y notas de audio contenidos en la aplicación Whatsapp de un dispositivo móvil pueden tener acceso al proceso como prueba documental, pericial o personal. Además, el mismo artículo en su punto 3 utiliza una fórmula amplia para dar cabida, añadiendo así "cuando por cualquier otro tipo de medio no expresamente previsto en los apartados anteriores de este artículo pudiera obtenerse certeza sobre hechos relevantes, el tribunal, a instancia de parte, lo admitirá como prueba...". Además, se especifica que las partes que quieran aportar estas fuentes de prueba (conversaciones de Whatsapp, imágenes enviadas, notas de audio, etc.) deberán hacerlo durante la fase de instrucción en un soporte determinado que permita reproducir la prueba en el juicio.

Parece entonces que los mensajes y archivos que enviamos o recibimos por la aplicación Whatsapp puede ser aceptados en un proceso como prueba aportada por el acusante o el acusado. Ahora bien, parece que en los casos en los que se presentan este tipo de pruebas deben cumplirse ciertos requisitos y sobre éstos se han pronunciado ya varios tribunales. A continuación, procedo a analizar algunos de ellos.

La tendencia de los tribunales en cuanto a aceptar o no las conversaciones vía Whatsapp como medio probatorio. Especial referencia a la sentencia del Tribunal Supremo 300/ 2015 y revisión de algunos casos.

Con relación a lo expuesto hasta ahora, la reciente Sentencia de la Sala II del Tribunal Supremo n° 300/2015, de 19 de Mayo, se pronuncia sobre la facilidad de manipular este tipo de pruebas, añadiendo la necesidad de que tales sean sometidas a un peritaje para comprobar su veracidad en caso de que sean impugnadas. Esto nos sitúa, entonces, ante la posibilidad de que las comunicaciones a través de aplicaciones de mensajería instantánea sean aceptadas como aportación por la víctima, con intención de suministrar pruebas de las que se desprendan indicios de criminalidad, o incluso por el acusado para dar su versión exculpatoria de los hechos.

En este caso, la mencionada sentencia resuelve un recurso interpuesto contra otra sentencia anterior. El acusado fue condenado por un delito continuado de abusos sexuales contra una menor de trece años, valiéndose de su situación de superioridad. La defensa del condenado recurrió tal decisión, argumentando, entre otras cosas, la inadecuada valoración de las conversaciones que la víctima había mantenido con un amigo a través del chat de la red social Tuenti. La víctima se había decidido a contar los hechos a un amigo a través de esta red social y las capturas de pantalla de las conversaciones fueron aportadas como prueba. No obstante, la defensa del condenado alegó que las conversaciones no eran diarias y que se desconoce el contexto en el que se produjeron, porque la víctima pudo haber borrado algún mensaje y haber manipulado, así, el significado de los mismos.

Pues bien, ante la queja sobre la falta de autenticidad del diálogo mantenido a través de Tuenti, la sala puntualizó una idea básica que luego repitió en otras sentencias en la que se cuestionaban, por la defensa del condenado, la veracidad sobre las conversaciones de Whatsapp aportadas como pruebas por la víctima. De esta forma, el Tribunal apunta que:

> "La prueba de una comunicación bidireccional mediante cualquiera de los múltiples sistemas de mensajería instantánea debe ser abordada con todas las cautelas. La posibilidad de una manipulación de los archivos digitales mediante los que se materializa ese intercambio de ideas, forma parte de la realidad de las cosas. El anonimato que autorizan tales sistemas y la libre creación de cuentas con una identidad fingida, hacen perfectamente posible aparentar una comunicación en la que un único usuario se relaciona consigo mismo. De ahí que la impugnación de la autenticidad de cualquiera de esas conversaciones, cuando son aportadas a la causa mediante archivos de impresión, desplaza la carga de la prueba hacia quien pretende aprovechar su idoneidad probatoria. Será indispensable en tal caso la práctica de una prueba pericial que identifique el verdadero origen de esa comunicación, la identidad de los interlocutores y, en fin, la integridad de su contenido".

En otras palabras, el Tribunal es consciente de la posibilidad de manipular este tipo de conversaciones, pero, en lugar de rechazarlas como medios de prueba, las acepta con cautela y siempre que sean valoradas por expertos informáticos que acrediten su veracidad en caso de que alguien impugne la prueba.

Así las cosas, en el caso arriba descrito el Tribunal otorgó eficacia probatoria a tales conversaciones basándose en dos hechos:

- Fue la propia víctima la que puso a disposición del Juez de instrucción la contraseña de su Tuenti para que, en caso de ser cuestionada, pudiera analizarse por los expertos y comprobar su veracidad.

- La defensa del acusado no hizo esta petición, por lo que se deduce que también daba como verdaderas las conversaciones aportadas por la víctima.

La decisión del Tribunal Supremo sobre la posibilidad de aceptar como pruebas las comunicaciones por mensajería instantánea, y que ha sido plasmada a través de esta sentencia, se han extrapolado a otros servicios distintos de Tuenti. A continuación se exponen algunos ejemplos en los que los mensajes de Whatsapp han sido aportados como medio probatorio en base a la sentencia anteriormente analizada.

Sentencia	Breve descripción de los hechos	Aceptación de las conversaciones
Audiencia Provincial Bilbao 90308/2014	La defensa recurre una sentencia por la que se condenó a un sujeto por delito de receptación. En el Whatsapp del condenado se reconocieron fotografías de los objetos sustraídos por éste en una discoteca. La defensa alega que los mensajes enviados a través de Whatsapp no pueden tenerse en cuenta porque éstos se pueden manipular fácilmente y que, además, el acusado afirmó que el teléfono tenía antes otro dueño. Por ello, los mensajes podrían haber sido enviados por el anterior titular.	La Audiencia Provincial acepta la veracidad de los mensajes y fotografías enviadas a través de la aplicación y sostiene que "la mera propuesta de que el Whatsapp es manipulable y de que las conversaciones pudieron ser mantenidas por el titular anterior es manifiestamente insuficiente para alterar el valor de la prueba". Por lo anterior, el Tribunal resuelve denegar el recurso interpuesto y mantener, por tanto, con la sentencia condenatoria.
Audiencia Provincial Zaragoza 89/2015	La defensa recurre sentencia por la que se condenó a una mujer por una falta de coacciones. Lo interesante es que tales coacciones se cometieron a través de los "estados de Whatsapp" que la autora publicaba para coaccionar a su ex-pareja y a la nueva novia de éste. En la citada sentencia pueden verse enumerados y transcritos los distintos estados que la condenada publicó entre Octubre de 2013 y Enero de 2015. Incluso ponía fotos de perfil de Whatsapp en las que aparecía ella junto al coche de su ex-pareja, lo que señalaba que le estaba persiguiendo. La defensa alega un error en la valoración de la prueba, basándose en que es el propio denunciante el que controla los estados de Whatsapp de la condenada y que tales estados "no son mensajes ni comunicaciones dirigidas a alguien".	Ante estas alegaciones, la Audiencia Provincial interpreta que "los estados de Whatsapp recogidos es algo que parece no cuestionarse al resultar explícitamente admitido por la propia condenada recurrente..." y que "en efecto, el llamado estado de Whatsapp es simplemente eso, el contenido del mismo en determinado momento y al que tienen acceso las personas que en aquel grupo participan. Por tanto, los argumentos de la recurrente intentando explicar que los estados no son mensajes o correos carecen de toda consistencia, pues al tener acceso a su contenido todas las personas integrantes del grupo es obvio que, quien inserta un nuevo comentario o cualquier otro material, lo hace para que los demás miembros tengan acceso al mismo". En base a este argumento, se desestima el recurso.

Audiencia Provincial Castellón 205/2015	La defensa recurre sentencia por la que se condenó a un sujeto por un delito de amenazas del artículo 171.4 del Código Penal. En hechos probados se recoge que el condenado se acercó a su ex-pareja en plena vía pública amenazándola a ella y a su nueva pareja con frases como "me has hecho mucho daño" y "os voy a matar". Así mismo, el condenado envió también a la víctima algunos mensajes por Whatsapp . La defensa pide que se le sustituya la pena de prisión impuesta por otra menos severa o que los hechos no se consideren delito, sino falta de amenazas. En cuanto a las conversaciones de What-sapp la defensa afirma que las amenazas no iban dirigidas a la víctima, sino a la actual pareja de ésta.	La Audiencia Provincial deniega el recurso y, en cuanto a las conversacio-nes vía Whatsapp afirma que, de los mensajes enviados por el condenado a su ex-pareja, resulta claramente el hecho de que aquel no acepta la rup-tura de su relación con la denunciante y el hecho de que ésta tenga una nueva pareja, sobre la que el conde-nado dirige numerosas amenazas. Además, la Audiencia rechaza el testi-monio del condenado de que él no sabía que su ex-pareja había rehecho su vida y que no quería saber nada más de ella, pues en los mensajes enviados a través de Whatsapp decía todo lo contrario.
Audiencia Provincial Madrid 132/2016	En este caso es el denunciante quien recurre a la sentencia que absuelve a su ex-pareja, la denun-ciada, por un delito continuado de amenazas.	La Audiencia Provincial decide mante-ner la sentencia absolutoria en base a que los supuestos mensajes que la denunciada ha enviado por Tuenti y Whatsapp al denunciante han sido negados por aquella y el denunciante ni siquiera los ha aportado al proceso. Ante esta situación, la sala recuerda el pronunciamiento que el Tribunal Supremo hizo sobre la cautela con la que han de valorarse las conversacio-nes vía Whatsapp (ya analizada en este artículo en base a la sentencia 300/2015 del 19 de Mayo)

Audiencia Provincial Acoruña 250/2016	Un sujeto es acusado de un delito de amenazas, aunque finalmente se le condena por un delito de vejación injusta de carácter leve. La fiscalía interpone, junto con la defensa de la denunciante, recurso ante esta decisión, manifestando que los mensajes que el condenado envió vía Whatsapp a su ex-pareja son, claramente, constitutivos de un delito de amenazas. Queda probado que el 12 de julio de 2015, sobre las 20:07 horas, el condenado envió el siguiente mensaje a su ex-pareja: "EL DIA Q OS VEO", "OS VEA PRE-PAROS", " PREPARAOS JEJEJE" "PORQ ERES UNA DESPECHADA", " QUE VAS BUS-CANDO PITO", " Y LLAMANDO LA ATENCIÓN', " ERAS UNA SEÑORITA AHORA T CONVERTISTE EN UNA MADAME", "PARA LO UNICO QUE VALES ES PARA FOLLAR ", " Y ES PARA LO QUE TE QUIEREM". Además de estos mensajes, en una ocasión que el acusado se encontró con la víctima por la calle paseando con su nueva pareja, el denunciado se acercó a aquellos con un palo en la mano. Pocas horas después, el condenado golpeó con el puño el coche ocupado por la ofendida y su pareja, al tiempo que decía "os vais a cagar".	La Audiencia Provincial decide desestimar el recurso presentado por la Fiscalía, alegando, entre otras causas, que los mensajes enviados por el denunciado a su ex-pareja no constituyen delito de amenazas, en cuanto que "se concluye que las frases que se declaran probadas y que refiere el Ministerio Fiscal en su escrito ("el día q os veo", "os vea preparos", "preparaos jejeje") carecen de trascendencia penal por no constituir amenazas. Es aplicable doctrina jurisprudencial que considera que los requisitos o elementos constitutivos o que configuran las amenazas como infracción penal se cifran en que el bien jurídico protegido es la libertad de la persona para el desarrollo normal y tranquilo de su vida, que la infracción se comete sin precisar de verdadera lesión, sino que basta la mera posibilidad o idoneidad de que se produzca temor, lo que supone estimarle como delito de simple actividad, de expresión o de peligro abstracto.

Fuente: Elaboración propia.

Conclusiones

Como puede observarse, parece existir una tendencia a aceptar las comunicaciones generadas a través de Whatsapp como prueba en el proceso, e incluso en algunos de ellos se les da un valor importante de cara a dictar sentencia. Pero ello no implica, como se ha visto, que tales comunicaciones vayan a ser aceptadas siempre que las partes las incorporen como prueba, sino que habrá de determinarse el valor fehaciente de las mismas, dadas las numerosas formas de crear una conversación ficticia que beneficie a la persona interesada. La práctica pericial por los expertos informáticos ha de llevarse a cabo en caso de que las pruebas de Whatsapp sean impugnadas por alguna de las partes, pues tendría que determinarse si esas conversaciones tuvieron lugar realmente, si los comunicantes son los que parecen y si coinciden las horas en las que los mensajes y archivos fueron enviados y recibidos.

A pesar de que sea requisito obligatorio realizar un análisis técnico de las conversaciones y móviles desde las que se enviaron, la práctica pericial supone un problema importante en el contexto de las diligencias urgentes ante delitos contra la mujer. Como su propio nombre indica, estas diligencias se practican en un breve periodo de tiempo, con objeto de acelerar el proceso y la investigación, ante la gravedad de los casos que suponen los delitos contra la violencia de género. En este tipo de delitos es típico que el agresor amenace a la mujer a través de mensajes de Whatsapp e incluso que quebranten la prohibición impuesta por el juez de comunicarse con la víctima por cualquier medio, por lo que es común que se aporten pantallazos de estas conversaciones por la víctima. Realizar un examen sobre esta prueba aportada por la denunciante dilataría mucho el proceso y, por tanto, encaja difícilmente en el contexto de las diligencias "urgentes".

Bibliografía

* BETRÁN PARDO, Ana Isabel "Los contenidos de WhatsApp como medio probatorio en el ámbito de las diligencias urgentes por delitos de la violencia contra la mujer" en noticias jurídicas (2015), págs. 1-9. Recuperado el 17 de Mayo de 2016, de: http://noticias.juridicas.com/conocimiento/articulos-doctrinales/10533-las-contenidos-de-whatsapp-como-medio-probatorio-en-el-ambito-de-las-diligencias-urgentes-por-delitos-de-violencia-contra-la-mujer-cuestiones-en-torno-a-su-impugnacion-y-a-la-practica-de-la-prueba-pericial-a-la-que-se-refiere-la-sts-300-2015-de-19-de-mayo/

* PASTOR, Javier "Cómo funciona el cifrado extremo a extremo de WhatsApp y qué implicaciones tiene para la privacidad" [Internet] (2016). Recuperado el 20 de Mayo de 2016 de: http://www.xataka.com/seguridad/como-funciona-

el-cifrado-extremo-a-extremo-de-whatsapp-y-que-implicaciones-tiene-para-la-privacidad

- España. Ley Orgánica 13/2015, de 5 de octubre, de modificación de la Ley de Enjuiciamiento Criminal para el fortalecimiento de las garantías procesales y la regulación de las medidas de investigación tecnológica. Boletín Oficial del Estado, 6 de Octubre de 2015, núm. 239, pp. 90192.

- España. Tribunal Supremo (Sala de lo Penal, Sección 2ª). Sentencia 300/2015.

- España. Audiencia Provincial de Vizcaya (Sala de lo Penal, Sección 2ª). Sentencia 90308/2014.

- España. Audiencia Provincial de Castellón de la Plana (Sala de lo Penal, Sección 2ª). Sentencia 205/2015.

- España. Audiencia Provincial de Zaragoza (Sala de lo Penal, Sección 1ª). Sentencia 89/2015.

- España. Audiencia Provincial de Acoruña (Sala de lo Penal, Sección 1ª). Sentencia 250/2016.

- España. Audiencia Provincial de Madrid (Sala de lo Penal, Sección 30ª). Sentencia 132/2016.

Salidas profesionales en criminología

Carlota Barrios. @CrimiCarlota

Hace varios años que vengo leyendo en prensa y escuchando de otros compañeros, que Criminología es una de las carreras más demandadas por los nuevos estudiantes universitarios. Pese a que cada vez hay más criminólogos egresados, las salidas profesionales de la carrera no se han desarrollado conjuntamente con el éxito que parecen tener estos estudios.

No dejan de llegarme e-mails con cuestiones sobre las salidas que tiene la Criminología en España, y me encuentro incluso a muchas personas que ya están en 4º de grado y aún no saben por dónde tirar, así que he decidido escribir este artículo para poder responder a las preguntas que varias personas me han planteado, y aportar mi punto de vista como criminóloga ejerciente a la información que se puede encontrar en internet, que, para qué nos vamos a engañar, todavía está lejos de la realidad laboral de este sector.

Pese a que ya he escrito algo sobre este tema en el pasado, me gustaría ser más concisa en este artículo y también hablar desde la experiencia que tengo en este momento de mi carrera profesional, y es que lo primero, y lo que considero más importante, es que un criminólogo tiene que dedicarse a la Criminología. Esto puede parecer muy evidente, pero no lo es, puesto que muchas de las salidas que podemos encontrar listadas en webs de universidades u otras fuentes que encontramos en la red, no tienen en cuenta este punto tan básico: ser Policía o Guardia Civil, funcionario de Prisiones, Detective privado, o Director de Seguridad, no es ser Criminólogo. ¿Puede tener cierta relación? Sí, claro, todo está relacionado en varios aspectos, pero la Criminología es una ciencia social independiente, y como tal, dispone de sus teorías, métodos de trabajo, y conocimientos propios, que para nada son dependientes de otras ciencias y/o disciplinas como puedan ser el Derecho Penal o la Psicología.

A lo que me refiero es a que, como criminólogos puros (entiéndase por *puros* que solo hemos estudiado Criminología o que nos dedicamos a esto como principal ocupación), no tenemos necesidad de recurrir a otra carrera adicional para ejercer, ni de opositar a puestos públicos para los que nuestros estudios no están reconocidos -y eso ocurre a día de hoy con el 100% de ellos-, puesto que la carrera de Criminología no es necesaria para opositar a nada. A todo caso se trata como una licenciatura más, para los puestos que requieren estudios superiores de algún tipo, pero si buscáis detenidamente, veréis que no es requisito indispensable para ninguna oposición.

Por otro lado, y respecto del tratamiento a víctimas y menores de los que tanto se habla, así como de las juntas de tratamiento de prisiones, en el primero y segundo caso estamos hablando de salidas que a día de hoy no están creadas, ya que, si bien Canarias fue pionera a la hora de incorporar criminólogos como trabajadores y directores de Oficinas de Atención a las Víctimas, por desgracia no es algo que se haya convertido en tradición, y ni siquiera hemos llegado a tener esa oportunidad en muchos lugares de la península. En los Centros de Internamiento de menores ocurre exactamente lo mismo: hoy por hoy se puede trabajar en ellos siendo educador, psicólogo, o trabajador social, pero no conozco ningún criminólogo que solo con sus estudios haya podido acceder a ninguno de esos puestos. Al igual que ocurre con las oposiciones, nuestros estudios no están reconocidos para desempeñar dichas funciones (a pesar de que estamos capacitados para ello).

En cuanto al tercer caso (las juntas de tratamiento de prisiones), hace muchos años existía la figura del jurista-criminólogo, que no era sino una persona con estudios de Derecho que había complementado su formación con Criminología. Conste que hablo de una época en la que estos estudios ni siquiera eran oficiales, es decir, eran títulos propios que ya han desaparecido, al igual que la figura de la que hablo, que ahora se denomina jurista de prisiones. Os remito a un post de Paloma Ucelay acerca del trabajo que desempeña, que puede parecer similar al del criminólogo, pero es diferente en varios aspectos, como por ejemplo en el sentido de que ellos no aplican conocimientos de Criminología Clínica ni diagnóstica para evaluar a los internos de los que se hacen cargo, y, por lo que yo entiendo, me atrevería a decir que evalúan la peligrosidad criminal desde un punto de vista más psicológico que criminológico.

Agotadas pues las salidas en la Administración Pública (me refiero a como criminólogo, INSISTO, haciendo Criminología, ya sabéis...), nos queda básicamente el ámbito privado y algunas cosillas más que comentaré al final. Si bien se habla de asesoramiento a jueces, fiscales, abogados, y políticos (!), lo cierto es que una gran parte de las mencionadas figuras trabajan para Justicia (de nuevo, ámbito público), y os puedo asegurar que en ella no existe la figura del criminólogo como profesional independiente, ni como asesor, ni como ayudante, y que no estamos ni siquiera un poco cerca de conseguirlo... Hay varias oposiciones para la Administración de Justicia que requieren solo el Bachillerato, y otras, como es lógico, requieren la carrera de Derecho.

El asesoramiento a políticos lo vamos a dejar para un relato de ciencia ficción, quizá de esos que pronostican un futuro distópico en el que el mundo llega a su fin de manera inminente, y como a la humanidad y a sus políticos ya no le queda más remedio, recurren a los criminólogos (me lo apunto como idea literaria).

Ahora bien, sí se puede asesorar a un abogado y a su cliente, ¡aleluya! Incluso se puede asesorar a un cliente particular independientemente de que tenga abogado o no, pero esto hay que hacerlo a través de un despacho o teniendo mucha (MUCHA) suerte como criminólogo particular. Nuestro asesoramiento se puede basar en diferentes tipos de informes criminológicos, que pueden ir, desde la revisión de un caso completo, a la revisión de un aspecto concreto o parcial del mismo. El asesoramiento también puede traducirse en orientación acerca de la solicitud de otras periciales a profesionales de otros gremios, o incluso para solicitar diligencias policiales concretas. Además de los citados informes criminológicos, un criminólogo también está capacitado para emitir otro tipo de documentales o escritos, donde se tengan en cuenta aspectos como una criminodinamia concreta, la reconstrucción de unos hechos, o aspectos particulares sobre un cliente determinado (victimización, peligrosidad, diagnóstico diferencial, etc.)

Como criminólogos, podemos colaborar con otros profesionales que estén formados y/o especializados en algo que nosotros no podemos diagnosticar (como un psicólogo o un psiquiatra), al mismo tiempo que podemos y *debemos* derivarles a todos aquellos clientes que puedan necesitar de sus servicios como complemento a nuestro asesoramiento o intervención. Esto se hace firmando acuerdos de colaboración o convenios a través de despachos / pequeñas empresas o como profesionales autónomos (aunque creo que esta última opción es más complicada por el momento).

Para seguir con el ámbito privado, y concretamente con la vía de los despachos de criminólogos, hay que distinguir nuestro trabajo del de un Detective Privado (o un despacho de detectives). Para ejercer como tal es necesario un diploma propio (o sea, existen estudios específicos para ello), y estar habilitado como tal. El criminólogo no requiere hoy por hoy, habilitación alguna, ni colegiación obligatoria, como les sucede a los abogados ejercientes. Actualmente, los criminólogos solo tenemos dos colegios profesionales a nivel nacional (Valencia y Asturias), así que estamos bastante lejos de la colegiación obligatoria que comento, aunque personalmente la considero bastante oportuna por el tipo de información confidencial que manejamos en nuestro trabajo.

En cuanto a nuestra labor, el criminólogo y el detective pueden investigar los mismos casos (perseguibles a instancia de parte o delitos privados), pero además, el criminólogo no tiene limitación profesional a la hora de investigar también delitos públicos (perseguibles de oficio). Tened en cuenta que la Criminología puede tener unas enseñanzas muy regladas, pero la profesión no lo está en absoluto, precisamente por la falta de necesidad que hay ahora mismo teniendo en cuenta el número de criminólogos que hay ejerciendo exclusivamente como tales. Eso implica que no tenemos apenas limitaciones en cuanto a competencias, y mucho menos reguladas por ley. Distinta cosa es que tengamos un par de códigos deontológicos que intentan regular nuestra ética profesional, si bien digo *intentan* porque su uso y adopción por parte de los profesionales no implica obligatoriedad, aunque es muy recomendable y deseable (a mi personalmente me gusta atenerme al Código Deontológico del año 95, confeccionado en Canarias).

Más diferencias sobre el Detective Privado y el Criminólogo: nuestras metodologías son diferentes, así como nuestros objetos de estudio y la finalidad de nuestros trabajos o investigaciones. Como criminólogos intentamos en primer lugar prevenir; cuando esto ya no es posible y hay que actuar o intervenir en alguna problemática o caso, nos apoyamos en los diferentes modelos de informe que podemos confeccionar, que vienen a ser una especie de pericial muy amplia, pero siempre desde el punto de vista estrictamente criminológico. Ya he comentado antes que para otro tipo de diagnósticos o informes de apoyo, tenemos que remitirnos a otros profesionales, con los que no hay problema en establecer convenios y trabajar *a comisión* por derivarles clientes. Esto quiere decir que bajo ningún concepto se pisa el trabajo que compete a otro profesional, ya sea un psicólogo, un psiquiatra, un trabajador social o lo que sea. Para desarrollar un trabajo estrictamente criminológico, hay que apoyarse en las múltiples teorías y metodologías probadas que son exclusivas de esta ciencia, es decir, nada de emitir un informe atendiendo a factores de riesgo psicológicos sobre un supuesto criminal, porque los criminólogos tenemos nuestros propios evaluadores de riesgo (distinta cosa es conocerlos y aprender a usarlos, pero eso ya depende de cada uno como persona y como profesional).

El Detective Privado no desempeña un trabajo para prevenir la criminalidad o los diferentes cuadros conflictuales con los que se pueda encontrar, y por otro lado, tampoco atiende a la reparación de un daño o reeducación de un individuo, sino que tiene un trabajo más relacionado con aportarle al cliente una información determinada, probar un hecho mediante documental audiovisual, etc. El criminólogo busca prevenir y reducir la criminalidad y la conflictividad entre las personas, así como apoyarlas en caso de que requieran la intervención de la Justicia para resolver sus problemas (mediante pericial, ratificación en juicio, etc.).

En resumidas cuentas, se ejerce como criminólogo cuando de una u otra forma se aplican a la vida real las teorías, metodologías, diagnósticos y programas estrictamente criminológicos (porque existen), o se investiga un fenómeno criminal concreto con fines preventivos o para reducir los efectos del mismo. De todo ello se emite un informe criminológico en el que se citen los objetivos del mismo (general y específicos), la fundamentación o razón de ser de dicho informe, la base conforme a la cual se emite, la metodología empleada, la bibliografía de referencia, y por supuesto, un completo desarrollo donde se explica todo conforme al nivel exigido (no es lo mismo un informe para otro profesional o para un cliente, que para una aseguradora, que para un jurado popular...)

Como podréis intuir tras leer lo que he escrito, para ser criminólogo hay que tener madera de emprendedor, hay que arriesgar y lanzarse a la piscina teniendo en cuenta que vamos a cometer errores, pero que esa es la única manera de aprender y avanzar. Hoy por hoy puede decirse que estamos *inventando* la profesión, y que si bien hay que empezar por tener unos estudios reglados oficiales (Licenciatura o Grado en Criminología), la carrera no proporciona todas las herramientas que vamos a necesitar para ejercer una vez egresados, pero ¿acaso no ocurre eso con muchas otras carreras? En este aspecto, Criminología no es una excepción, es simplemente que el mercado laboral se está desarrollando por otros derroteros y los estudios no pueden actualizarse a tal velocidad o conforme van surgiendo nuevas salidas profesionales reales. Esto no es culpa de nadie, pero ya que puedo informar con conocimiento de causa sobre ello, lo hago gustosamente.

Las salidas de Criminología ahora mismo pasan, en mi humilde opinión, por crear las que nuestra sociedad necesita. No necesitamos ni más policías, ni más directores de agencias de seguridad, ni más detectives privados, ni más docentes, porque esa es otra... la docencia es una salida que puede interesar a mucha gente, porque los hay con vocación y capacidad para hacer ambas cosas (ser criminólogo y enseñar esta ciencia a otros), pero también hay que intentar encontrar un equilibrio, o corremos el riesgo de terminar todos enseñando Criminología sin poder darle salida a todos esos conocimientos tan valiosos. Me explico mejor: a mí me gusta contarle a la gente lo que hago porque me emociona, me apasiona lo que aprendo cada día, y quiero que todos los estudiantes y futuros criminólogos lo sepan, conozcan esa realidad (aunque sea una realidad minúscula) y se animen a ejercer la profesión que sueñan. Ahora bien, si todos estudiamos Criminología para acabar dando clases de Criminología y no llegamos a ejercer nunca y nuestros alumnos tampoco... bueno, creo que ahí hay algo que falla.

Necesitamos profesores de Criminología, y que sean muy buenos y a ser posible con experiencia profesional real, pero si nos dedicamos todos a enseñar y a recibir lecciones, nos meteremos en un circulo vicioso que no termina, y así nunca habrá necesidad de regular una profesión, ni de crear colegios profesionales, ni de crear puestos públicos, ni de nada, porque ¿para qué? ¡si los criminólogos no ejercen, solo estudian lo que podrían llegar a ejercer! (es un decir).

Señores y señoras ¡hay que abrir el mercado! y mucho me temo que hoy por hoy, eso solo lo podemos conseguir a través de despachos privados o como profesionales autónomos, freelance, o como le quieran llamar. Ejercicio libre del criminólogo como profesional independiente; así me gusta llamarlo a mí. Cuando un gremio empieza a ser potente de verdad, es cuando tiene una profesión desarrollada, tiene un lugar en el mercado laboral diferenciado de otros profesionales, y en definitiva, aporta algo que nadie más puede aportar. Ese es el caso del criminólogo, que tiene todo por ofrecer pero ningún sitio al que aportar porque la gente desconoce o teme nuestra figura y nuestras funciones. Bien, pues saquémosles de su error o de su ignorancia, que en absoluto es mala compañera, sino una muy buena que nos obliga a ser mejores en lo que hacemos y que nos azuza cuando nos relajamos.

Yo voy a ser muy sincera con lo que voy a decir, pero a veces me da todo un miedo terrible. Hay gente que cree que solo porque me expongo, porque hablo, porque he llegado a X o porque he hecho Y, ya tengo mucho terreno ganado o lo tengo todo hecho, pero no es así. Me da todo un miedo tremendo porque muchas veces no sé cómo llamar a lo que hago, porque es nuevo, me lo saco de la manga y funciona... tengo pocas cosas de las que quejarme porque como criminóloga y a la hora de emprender, he obtenido resultados muy deprisa y me he llevado pocas decepciones. No obstante, el miedo sigue ahí, porque es una inseguridad generada por la falta de referencias; yo lo siento -por poner un ejemplo concreto- como no saber escribir y que te pongan solo delante de un folio en blanco, y que busques ayuda y te des cuenta de que nadie a tu alrededor puede decirte ni como coger el lápiz. Puede parecer un poco dramático, pero, tras un año y medio en el despacho de DACRIM (y creo que puedo hablar por todos mis compañeros cuando digo esto), llega un momento en que te das cuenta de que la referencia tienes que ser tu, que tienes que aprender como sea -muchas veces a base de prueba y error-, y que nadie puede venir a decirte como hacer cierta cosa porque nadie la ha hecho antes (y si la ha hecho, que seguro que sí, no hay constancia en ninguna parte de esa persona, con lo cual, como para encontrarla...)

Entonces aquí y ahora, la cuestión es, ¿cómo vamos a generar salidas en Criminología sin demostrar antes lo que hacemos? Ojo, no lo que *podemos* hacer, que eso estoy segura que mucha gente ya lo ha demostrado y lo demuestra día a día... lo difícil es hacerlo o tenerlo ya hecho antes de que te lo pida nadie. De verdad que quiero una respuesta a esa pregunta, porque, bien porque no tengo esa capacidad de miras ahora mismo, bien porque aún tengo poca experiencia desde que emprendí, la única salida real que me viene a la cabeza es ejercer mediante grupos de trabajo, despachos, oficinas, o como freelance.

Creo que hay que leer acerca de lo que hacen los criminólogos en otros países, donde esta ciencia se ha desarrollado como profesión real, y fuera de las aulas, e intentar imitar eso a nuestra manera. Importar ideas o proyectos no es nada nuevo, y cuando la referencia no puede encontrarse en el ámbito nacional, hay que perderle el miedo al exterior e investigar acerca de lo que se hace fuera, pero no lo que queda en trabajos teóricos, ni en investigaciones, ni en libros, ni en tesis... hablo de lo que se hace EN LA CALLE, de cara a la sociedad, a cargo de un gobierno (que los hay), de un ayuntamiento o de la entidad pública o privada que sea. Por eso hay que encontrar aquellos proyectos criminológicos reales que hayan contado con un presupuesto, que se hayan llevado a cabo con éxito, y que además se haya comprobado que fueron positivos de cara a los objetivos que se perseguían con su implantación.

Hay que cambiar el chip, ¡pero mucho! Y creo que tenemos que empezar por cambiarlo nosotros mismos (los que tenemos la suerte de ejercer) y dar ejemplo a otras personas. Por otro lado, es imprescindible que se anime y se enseñe a los alumnos y futuros criminólogos a tener una mentalidad emprendedora, innovadora y abierta a cualquier posibilidad. "¿Como inventarían ustedes esta profesión?", esa creo que es la pregunta que debiera lanzarse a todos los estudiantes de esta carrera.

Esto es duro, no lo voy a negar, pero precisamente porque algunos estamos dándolo todo y renunciando a muchas cosas por ejercer esta profesión y por inventarla o re-inventarla a nuestra manera, necesitamos ampliar el mercado como el comer. O en un futuro próximo son más los criminólogos que se animan a ejercer, a intentar colaborar con otros profesionales, y en definitiva, a hacer Criminología, o se nos puede venir abajo el castillito de naipes que hemos empezado a levantar. Tened en cuenta que a más presión ejerzamos, a más presencia tengamos, y a más clientes y profesionales lleguemos, más necesidad va a haber de regular nuestra profesión. Y ojo, tampoco estoy diciendo que ahora tenga que meter mano el legislador y liarse a limitar o definir a su manera nuestra actividad profesional, pero sería deseable que alguien se diese cuenta de que existimos y de que estamos empezando a abrir mercado y a ejercer abriéndonos camino a codazos. Eso puede darnos en el futuro los colegios profesionales que realmente necesitamos, y nos puede llevar a tener más poder como gremio a la hora de crear esos ansiados puestos públicos... que no solo los deseamos nosotros, sino también otros profesionales (sí, es increíble, pero sí), que echan en falta la figura del criminólogo en equipos técnicos o juntas de tratamiento. Nosotros no le quitamos el puesto a nadie, porque tenemos competencias propias, y un trabajo que en muchos casos no se está haciendo, por lo que puede decirse que hay instituciones que están *cojas*, y que podrían ser mucho mejores si incorporasen a los criminólogos a sus plantillas.

No obstante, los puestos públicos no son nuestro objetivo final ni el único, y yo al menos considero que este debiera ser terminar la carrera y poder tener una oportunidad para aplicar nuestros conocimientos al mundo real, bien como freelance, bien en un despacho, bien como investigador o analista en el INE.., me da lo mismo. El crimen no va a dejar de existir, simplemente sus cifras van a bailar arriba y abajo según la época y multitud de factores, pero no va a llegar un momento en que el criminólogo como científico deje de tener sentido. Por desgracia hay gente, sobretodo dentro del propio gremio, que ha perdido el norte y la esperanza, y cree que nunca tuvimos sentido. No les culpo. Pero si que quisiera sacarles de la que creo que es una concepción errónea, y decirles que estamos empezando, NO TERMINANDO. Está todo por hacer, y cuando el papel está en blanco, evidentemente, pocas personas pueden imaginar el libro encuadernado.

Los comienzos siempre son difíciles. Pero para nosotros y para todo el mundo. No nos tiremos de los pelos todavía porque hay que conseguir arrancar como sea, ¡aunque tengamos que empujar el coche cuesta abajo y sin frenos!, ¡aunque tengamos que ir a pedales!

Con este artículo quiero animaros a 'pensar fuera de la caja' (suena fatal en español, pero la expresión original es *thinking outside the box*), es decir, a saliros de lo convencional, a ser más creativos y más imaginativos a la hora de concebir la forma en que se puede ejercer la Criminología, porque se puede, pero para nada por las vías convencionales o mediante las vías que ofrecen los panfletos de universidades (al menos por ahora, pero ojalá que algún día todas ellas sean opciones reales). Con esto no pretendo desprestigiar a nadie, ni es un ataque contra las instituciones de enseñanza, sino la exposición de mi humilde opinión, basada en el ejercicio libre ejercido a través de un despacho que se dedica íntegramente a hacer Criminología, y que tiene un recorrido considerable. Creo que sé de lo que hablo, y además tengo la suerte y el orgullo de poder decir que nadie nos dijo a mis compañeros ni a mí lo que debíamos o no debíamos hacer; es más, alguna vez hemos seguido el consejo de otros y hemos visto que lo que en la teoría suena muy bien, en la práctica no funciona, o no es una manera acertada de hacer las cosas de cara al momento y a la situación que vivimos. Puede que en un futuro sí, pero quién sabe... Hoy prima el hecho de ser pragmáticos.

Ahora bien, ¿es este un manifiesto para advertir a los incautos o para intimidar a los neófitos? No, para nada. Es un escrito para animar a los que dudan y para ayudar a los que vienen detrás, a los que van a ser criminólogos dentro de poco o se están planteando serlo. Porque hay que ser valientes pero también realistas, y no me parece bien ofrecer información sesgada o verdades descafeinadas a las personas que entran en esta carrera movidas por una vocación.

La realidad no es tan mala: lo tenemos todo por hacer, lo cual quiere decir, nada hecho y nada seguro, pero también todas las posibilidades a nuestro alcance, esperando a ser desarrolladas. Y encima tenemos la oportunidad de dictar nuestras propias reglas en lo que a ejercer se refiere y a ser pioneros. Hay profesionales de otras ramas que matarían por haber vivido los inicios del desarrollo de su ciencia y por haber ayudado a definirla. ¿Porqué todavía vemos esto como algo negativo? ¿Acaso hay que ocultar o maquillar esta realidad porque la vemos como una amenaza para los estudios? ¿Creéis de verdad que si todo el mundo conociera las salidas reales que tiene actualmente esta carrera, nadie se matricularía en las universidades? Me parecen miedos e inseguridades salvables de los que hay que deshacerse cuando antes, porque *contagian* a los alumnos y criminólogos egresados transmitiéndoles un mensaje, que es, con perdón, algo parecido a "estáis jodidos; a ver como salís del atolladero... ¡no me gustaría estar en vuestro lugar!".

Es cierto que, como en muchos otros campos y como en los inicios de todo, hay una competencia feroz, y una mezcolanza de intereses y ambiciones personales, porque muchos quieren ser los primeros en X. Me parece respetable que cada cual se esfuerce por desarrollar esta profesión movido por los intereses que él considere (siempre y cuando sean éticos), pero creo que esto es quedarse corto; buscar una recompensa inmediata o personal no es buscar la implantación definitiva de la Criminología, por lo que es como si nos quedásemos a mitad escribiendo una frase. Hay que tener miras de futuro, pero no solo cercano, sino también a largo plazo. Por otro lado, los criminólogos recién graduados, o los que, por el motivo que sea *vienen detrás*, no son el enemigo, ni carne fresca para explotar simplemente porque están llenos de esperanzas y energía. Son los futuros profesionales con los que vamos a codearnos, y más vale que tengan posibilidades de venir para quedarse, porque sin ellos no hay futuro que valga para la Criminología. Las nuevas generaciones son la base sobre la que van a poder descansar los pilares de nuestra ciencia, pilares que tenemos que empezar a levantar ahora, cada cual a su manera, como pueda, y que tienen que ser fuertes para que en un futuro, ningún criminólogo tenga que volver a vivir *la teoría de la anomia* en sus carnes. Me parece vergonzosa la actitud que algunos tienen hacia *los nuevos*, como si hubiera que guardarles rencor solo porque llegaron cuando las condiciones ya eran mejores. Pues me alegro si algo que yo haga ahora le facilita el camino a alguien, me alegro si se abren más despachos y si más criminólogos tienen referencias para ejercer en el futuro; precisamente porque yo no las tengo, pero me habría encantado tenerlas.

Creo que como colectivo, nos hace falta un poquito más de mentalidad de colmena, de pensar en el bien común del gremio y de nuestra ciencia, porque cada uno a nuestra manera y en su momento, la hemos maltratado, despreciado, infravalorado o ignorado. Y ya es hora de enmendar nuestros errores y empezar a cometer otros que nos lleven hacia algo constructivo y que asegure el futuro de la Criminología por medio de salidas profesionales que perduren en el tiempo, y que sean una alternativa a la docencia o a todos esos puestos públicos que por ahora no tenemos. Creo sinceramente que los conseguiremos, pero ahora es el momento de demostrar mediante hechos.

Cuando la gente me pregunta porqué me expongo tanto al publicar cosas, porqué hablo tanto de ciertos temas o porqué me he embarcado en esta locura en vez de "meterme en una universidad" o "hacer una oposición" (ejemplos reales), les digo que en lo más profundo de mi ser, albergo una serie de ambiciones oscuras, secretas y plagadas de malévolas intenciones: ser criminóloga y ejercer como tal. PUNTO. Esto debe ser algo malísimo y prohibido a día de hoy, a juzgar por lo que hay que luchar para conseguirlo, pero lo cierto es que uno se siente muy bien transgrediendo.

Quizá ya estemos viviendo en ese relato distópico de ciencia ficción y no nos demos ni cuenta, y lo peor es que no trata sobre una conspiración para impedir que los criminólogos ejerzan su profesión, ni trata sobre un mundo que se acaba y en el que se recurre a estos profesionales como último recurso desesperado... da más miedo todavía porque es un mundo donde los propios criminólogos boicotean su profesión pensando que no es posible ejercerla o que no son lo suficientemente buenos como para hacerlo. Si lo pensáis bien, esta sí que es una realidad bastante terrible.

Yo de lo que más miedo tengo es de ir a ciegas y de no saber si acertaré o no con los proyectos criminológicos que intento sacar adelante, y a veces también me produce una incertidumbre un poco inquietante el hecho de enfrentarme a tal cantidad de cosas nuevas cada semana, pero simplemente es eso, miedo a lo desconocido, ¡un clásico! Pero en cuanto a cometer errores al escribir, por verter una opinión u otra, tengo que reconocer que cada día me da menos miedo. Soy consciente de haber dicho y escrito muchas barbaridades (bueno, quizá no tantas), y sinceramente, me parece genial, porque ahora leo muchos de mis artículos o veo las opiniones que tenía hace tiempo sobre algo, y reconozco errores o discrepo conmigo misma, signo inequívoco de que está habiendo una evolución y un progreso. Malo sería si estuviera igual que cuando empecé. Por eso, aunque no me arrepiento realmente de nada de lo que he dicho, intento mejorar todos los días y ser la criminóloga a la que me gustaría tener como referencia. El arrepentimiento en sí no vale para nada, pero muchos estamos necesitados de mucha seguridad y de mucha confianza en nosotros mismos como profesionales. Hoy por hoy, yo solo conozco una manera de adquirirlas, y es cometiendo errores.

Fallemos pues, en nuestras ideas, en nuestras concepciones, erremos en nuestra forma de actuar y luego miremos atrás para aprender de nosotros mismos. Cuando menos lo esperéis, empezaréis a daros cuenta de que os estáis convirtiendo en el criminólogo que necesitáis ser. Y repito, para terminar, que necesitamos criminólogos que hagan Criminología, pero que la hagan ya. No esperéis a que llegue esa llamada o esa carta de contratación porque os podéis quedar esperando toda la vida. Hay que empezar a concebir la posibilidad de ser un profesional autónomo que ejerce la profesión libremente, sin depender de otros o sin esperar a que le den permiso.

Necesitamos encarecidamente a esos criminólogos dispuestos a dejarse la piel para levantar esta profesión, cosa que no es fácil ni siempre es bonito, pero es la vía más rápida y la más directa para hacernos ver, y de verdad que necesitamos toda la visibilidad posible, porque la sociedad y las instituciones tienen que ver que somos *ciento y la madre* intentando ejercer, ofreciendo recursos, ofertando servicios exclusivamente criminológicos, y que somos más que un gran colectivo de estudiosos. Solo a través de hechos y con resultados vamos a obtener las salidas que merecemos, pero nadie las va a incentivar o a crear por nosotros. Cierro (ahora sí), aludiendo al ejemplo que puse más arriba: o agarramos los lápices aunque aún no sepamos hacer la O con un canuto, o nos quedamos toda la vida mirando un papel, esperando a que se rellene mágicamente. Ustedes deciden cuál es la vía más rápida para escribir el libro de la Criminología.

Objetivos de la justicia restaurativa para las víctimas

Guillermo González. @guilleC_J

Desde el nacimiento de la Justicia Restaurativa y la puesta en marcha de las llamadas prácticas restaurativas han pasado algunas décadas. El ordenamiento jurídico español contempla una batería de medidas alternativas al cumplimiento de una pena en régimen de privación de libertad, aunque, en la práctica, la ejecución de estas medidas no siempre se lleve a cabo.

Los programas de intervención aplicados en el contexto de medidas alternativas tienen un carácter obligatorio y posterior al enjuiciamiento. Estos programas se pueden aplicar en caso de ejecutarse alguna de las siguientes medidas:

- TBC (Trabajos en beneficio de la comunidad, recogido en los artículos 49 y 84.3 C.P.)
- Suspensión de condena (recogido en los artículos 80 – 87 C.P.)

Mientras tanto, los programas restaurativos han recibido a nivel internacional reconocimiento investigativo. Además, sus ventajas no se circunscriben solamente a su funcionalidad, sino al hecho de que no suponen un conflicto operativo o logístico, puesto que pueden aplicarse en cualquier etapa de proceso penal. El Manual sobre Programas de Justicia Restaurativa de la Naciones Unidas (2006) destaca cuatro momentos en los que se pueden iniciar procesos restaurativos:

1. Nivel policial: Antes de presentar cargos, y sobre conflictos fácilmente dirimibles.
2. Nivel procesal: con cargos presentados, pero sin haberse iniciado el proceso, esto es, en fase de instrucción.
3. Nivel tribunal: Hablamos de aplicar el proceso restaurativo en plena fase de enjuiciamiento. Este punto puede ser particularmente útil para la víctima.
4. Nivel de ejecución de la sentencia: Cuando se ha dictado sentencia. Aunque no sea indiscutible, este punto podría implicar en un gran número de ocasiones una medida alternativa a la privación de libertad.

Una de las características que considero remarcables en la aplicación de medidas restaurativas es su especificidad; cada caso es (o debería ser) abordado de manera particular. Además, y siguiendo la estela de Australia, la contratación de facilitadores restaurativos es externa y se realiza según el caso a tratar, siendo el equipo que lleve a cabo los procesos restaurativos una amalgama de profesionales funcionarios y no funcionarios.

La consecución de beneficios para el ofensor es un elemento ampliamente tratado en múltiples estudios, destacando tres:

Sentencias en círculo

Potas, Smart, Bringell, Thomas y Lawrie (2003) evidencian en un estudio el efecto que las sentencias en círculo provocan en los delincuentes involucrados en una amplia amalgama de delitos en Australia: daños graves a la propiedad ajena, delito cuya pena mayor son cinco años de cárcel; agresión, con penas de hasta dos años de cárcel en su modalidad menos dañosa; violación de libertad bajo fianza; conducción sin licencia; manipulación ilegal de vehículo; agresión contra un agente de policía, etc. evaluando ocho casos individuales en total.

La diferencia entre las penas previstas para las faltas y delitos presentadas y las sentencias finalmente impuestas que evaluaron los autores es que las sentencias en círculo van mucho más allá que la mera prevención general negativa; demuestran que el sistema penal funciona en tanto que es flexible y bidireccional (es bidireccional en cuanto deja entrar y actuar a actores que no son legisladores y agentes legales) y, por otra parte, ofrecen a los ofensores una gestión individualizada de sus casos y la posibilidad de participar de manera más activa en su resolución.

Cabe destacar que los casos evaluados por los autores tienen por protagonistas a ofensores cuyo rango de edad se encuentra entre los 24 y los 30 años de edad, justamente el rango de edad en el que, según informe de 2010 de Instituciones Penitenciarias, se encuentran la mayoría de ofensores acogidos a trabajos en beneficio de la comunidad.

La evaluación del impacto al ofensor: el cuestionario Crime Pics II y el proyecto Sycamore Tree

El proyecto Sycamore Tree es un programa de 15 horas divididas en seis sesiones destinado a personas cumpliendo penas de prisión en el cual se les invita a conocer de primera mano el impacto que sus delitos tienen sobre sus víctimas y sobre la comunidad.

En este caso, los autores Feasey y Williams (2009) utilizaron un cuestionario estructurado de 35 ítems que evalúan cinco grandes áreas del delincuente antes y después de participar en un programa específico: Inventario de necesidades, opinión sobre el cálculo costes/beneficios del delito (si ha merecido la pena), nivel de empatía con la víctima, auto percepción de reincidencia, y actitud general en relación al delito y a la carrera delictiva.

Los resultados grosso modo implican cambios relevantes en el razonamiento de los reclusos y reclusas que participaron en esta evaluación, especialmente en el apartado sobre la percepción general del delito, lo cual es un indicador muy positivo porque acerca al ofensor al desistimiento de la carrera delictiva.

Sistema conferencial: Conferencias Restaurativa (RJC)

Las conferencias acercan víctima, ofensor y actores directos –familia, amigos, etcétera– con el objetivo de discutir cuál sería la mejor manera de reparar el daño causado a la víctima o al conjunto de la comunidad por parte del ofensor. Aun guardando cierta similitud con las sentencias en círculo, las conferencias ponen más peso en la restitución de la víctima, y no vinculan necesariamente esa restitución como una sustitución de condena.

Hay un poderoso número de evaluaciones de conferencias; Strang, Sherman, Mayo-Wilson, Woods y Ariel (2013) realizaron una recopilación de estudios sobre la efectividad de las conferencias restaurativas en diez casos aleatorios o semialeatorios donde ya había impuesta, a su vez, actuación policial o judicial (detención, juicio, sentencia...).

Los resultados se evaluaron mediante análisis por intención de tratar; en el caso que nos atañe, la característica de esta metodología es la inclusión de todos los sujetos y elementos que hayan participado, aunque solo sea parcialmente, en un programa restaurativo; es decir, que no se deja ningún actor fuera, siempre sobre una muestra de población participante aleatoria.

¿Por qué es tan importante este estudio? Porque los beneficios de las Conferencias Restaurativas se han tenido en cuenta también sobre aquellos participantes que hubieron abandonado el programa en plena ejecución y, por lo tanto, se trata de un estudio radicalmente inclusivo. Los resultados más llamativos en este estudio guardan relación con tres aspectos clave:

- En las Conferencias Restaurativas se redujo el riesgo de inculpación de las víctimas frente a la justicia convencional.

- La relación directa víctima – ofensor facilitó la petición de disculpas, acercando así a la víctima a una sensación de "cierre" del conflicto.

- Las Conferencias Restaurativas incidieron positivamente en el deseo de venganza o retribución de la víctima.

La víctima en la Justicia Restaurativa

Vistos los estudios mencionados sobre estas líneas parece sencillo vislumbrar los objetivos de un programa restaurativo, pero no siempre es fácil averiguar qué debemos obtener con cada programa. El/la facilitador/a de un programa restaurativo es −o debería ser− conocedor/a de los derechos que la Ley 4/2015 del Estatuto de la Víctima del Delito. Una vez conocidos los derechos que la víctima posee a través de la Ley 4/2015, el/la facilitador/a de programas restaurativos debe perseguir los siguientes objetivos:

• Devolución de bienes: aunque sea la mera repetición del artículo 18 del Estatuto de la Víctima del Delito, este punto está muy relacionado tanto con la evaluación de necesidades como de la atención primaria. La restitución inmediata de bienes restituibles que hayan sido incautados en el proceso o su restitución de manos de una tercera persona −como podría ser el ofensor− es una condición indispensable para contribuir en el bienestar psicológico de la víctima.

• Información inmediata y actualizada: tal y como viene expresándose en los artículos 4 y 5 del Estatuto de la Víctima del Delito.

• Evaluación de necesidades inmediatas de la víctima: establecer un listado de necesidades primarias económicas, sociales, de salud y psicológicas que minimicen los efectos nocivos de la victimización.

• Facilitar la participación directa de la víctima: En los programas restaurativos, el empoderamiento de la víctima solo es posible cuando se le proporcionan las herramientas para expresar sus deseos y sentimientos.

• Procurar iniciar un proceso de desvictimización.

La desvictimización es el proceso por el cual la víctima de un delito empieza a superar los eventos traumáticos, disminuyendo los efectos negativos que pudieron provocarle, y substituyendo su auto-percepción de víctima a persona no víctima. Para iniciar este proceso, el/la facilitador/a debería centrarse en los siguientes objetivos:

- Haber atendido eficazmente las necesidades de la víctima: Las necesidades básicas como por ejemplo la asistencia médica y psicológica deberían estar cubiertas antes de participar en un programa restaurativo. Esto implica una atención primaria que permita a la víctima estar en una situación estable para seguir gestionando el conflicto en el que se encuentra.

- Procurar la participación activa de la víctima: Según Christopher Bright, de Fellowship International, uno de los problemas más vociferados en contra del uso de programas restaurativos es que cuestiona las bases morales de la justicia ordinaria –retribución contra quien hace daño–. Bright comenta que, según sus detractores, la justicia restaurativa pondría en entredicho el concepto de que el delito es una violación de normas establecidas por todos. Estas afirmaciones se olvidan de que la diferencia entre Justicia Restaurativa y justicia ordinaria es el papel de la víctima y su carácter pragmático. La participación directa de la víctima permite conocer sus necesidades y discutir directamente con el ofensor la restitución, generando así un empoderamiento impensable en un sistema de justicia ordinaria.

- Información y apoyo psicológico; hallar un "por qué a mí":Los programas restaurativos se basan en la comunicación entre partes. La mayoría de programas poseen una parte en la que cada participante explica su punto de vista sobre lo ocurrido, así como la posibilidad de expresar sus sentimientos.

- Conseguir en la víctima una sensación de "cierre": los acuerdos alcanzados en el proceso restaurativo deben servir para empezar a cerrar heridas psicológicas que permitan a la víctima seguir con su vida, convencida de que todo lo relacionado con el evento delictivo está siendo correctamente gestionado.

¿Son estas pretensiones imposibles? Observando la aplicación sistemática de programas restaurativos alrededor del mundo, no. El potencial de la Justicia Restaurativa para socorrer a las víctimas es enorme, pero todavía cuesta convencer a las autoridades de la utilidad de la misma.

España es un país donde no se ha desarrollado la cultura de empoderar a la víctima a través del contacto con el victimario. Las prácticas restaurativas proponen asegurar la desvictimización a través de esa clase de contacto. Es posible llevar a cabo políticas de esta clase, pero para ello hace falta una poderosa campaña de información sobre lo que suponen las prácticas restaurativas.

Bibliografía

- Bright, Christopher. *Tutorial: Intro to Restorative Justice. Lesson 4. Norm Clarification.* Center for Justice and Restorative Conciliation. Accedido el 01/06/2016. (http://restorativejustice.org/restorative-justice/about-restorative-justice/tutorial-intro-to-restorative-justice/lesson-4-conceptual-issues/norm-clarification/).

- Feasey, S., Williams, P. (2009): *An Evaluation of the Sycamore Tree Project Based On an Analysis of Crime Pics II Data*, Sheffield: Sheffield Hallam University.

- Oficina de las Naciones Unidas contra la Droga y el Delito. Manual sobre Programas de Justicia Restaurativa. Nueva York, 2006. (https://www.unodc.org/documents/justice-and-prison-reform/Manual_sobre_programas_de_justicia_restaurativa.pdf).

- Potas, I., Smart, J., Brignell, G., Thomas, B., Lawrie, R (2003). *Circle Sentencing in New South Wales: A Review and Evaluation* Sydney, Australia: Judicial Cmssn of New South Wales. Descargado en 2016.

- Strang, H., Sherman, L., Mayo-Wilson, E., Woods, D., Ariel, B. 2013. *"Restorative Justice Conferencing (RJC) Using Face-to-Face Meetings of Offenders and Victims: Effects on Offender Recidivism and Victim Satisfaction: A Systematic Review."* Campbell Systematic Reviews 10. Accedido 01/06/16

- (http://www.crim.cam.ac.uk/people/academic_research/heather_strang/rj_strang_review.pdf).

- Oficina de las Naciones Unidas contra la Droga y el Delito. Manual sobre Programas de Justicia Restaurativa. Nueva York, 2006.   (https://www.unodc.org/documents/justice-and-prison-reform/
Manual_sobre_programas_de_justicia_restaurativa.pdf).

Jalcomulco rebelde. Criminología, desarrollo y sustentabilidad

Roberto Alonso Ramos. @RobertoAErosa

– Y ¿Cuánto tiempo llevan aquí?

– Dos años, cuatro meses y vamos a seguir aquí hasta que Dios nos preste vida.

Gregorio (vigilante de la radio base).

Jalcomulco *"Hoyo en la arena"* me explica un vendedor oriundo, según él, la palabra proviene del totonaco. Comunidad turística. Al recorrer sus calles, las casitas, llenas de color, vigorizan el ambiente del pueblo que, a pesar del gran movimiento turístico que hay, vive en paz. La paz es un elemento que puedes respirar y saborear ahí; todos saludan y te reciben con una amable y sincera sonrisa. Conocen su tierra, viven para ella, luchan por ella.

Pero las mismas calles, nos indican que hay otro tipo de movimiento, uno que no esconden y, al contrario, anuncian de manera artística con pequeños y medianos murales de pececitos con diferentes frases: «*no a las presas*», «*yo sonrío al río*», «*ríos libres*», son algunas de las sentencias que acompañan a los coloridos murales.

Frente al parque central del pueblo, una casa color azul con bordes verdes, donde, a nivel del piso, sobresale una especie de balcón, sostienen en los barandales, dos lonas largas acompañadas de un mural de mismas proporciones. En una de las rejas que protegen las ventanas hay una tercera lona, más chica que las dos anteriores. Las dos primeras lonas, con el mural, aluden a la lucha que mantiene a todos los pobladores alerta; la tercera es un poema dedicado a la resistencia de los lugareños y a la belleza de sus paisajes.

Ya en el núcleo del pueblo uno se percata que hay algo más que turismo y gastronomía; rabia, enojo, resistencia y una recia voluntad por defender lo suyo, es lo que uno encuentra.

Jalcomulco es una comunidad que anteriormente vivía del mango, donde uno voltee hay hermosos y frondosos árboles de mango que, con sus colores verde y amarillo, se apoderan de las miradas curiosas que obligan a contemplar el boscoso paisaje. Ahora se vive del turismo. Su calidad de valle, con río ofrece grandiosas atracciones: descenso del río, rapel, tirolesa, temazcal, entre otras. La oferta gastronómica presume de los alimentos de río; todas las luminarias se alimentan de luz solar y algunos de sus hoteles tienen el mismo sistema. Es una comunidad cuasi sustentable.

A pesar de todas estas maravillas, se percibe algo que no cuadra, en algunas casas cuelgan pancartas en defensa del río... hay una batalla que los medios de comunicación no transmiten.

Me aproximo a la casa azul, que es un comisariado ejidal, y entablo plática con un señor de nombre Álvaro, carpintero de profesión. Comienzo preguntándole por la lucha, él me dice que están defendiendo el río, que quieren construir una presa hidroeléctrica que los afectaría.

– ¿De qué modo? – pregunto yo.

– De todos – contesta él – afectaría a Jalcomulco, La Antigua, Veracruz y hasta el mundo.

Lo escucho detenidamente sin interrumpirlo, me habla de capitalismo, empresas multinacionales que buscan explotar las riquezas nacionales y las fallidas políticas en materia energética aprobadas por los legisladores locales y federales. Aunque suene prejuicioso, me sorprendió. Momentos después me señala a dos hombres que se encuentran parados en la esquina de la casa.

– Ellos son los vigilantes de la radio base – Me explica.

Me acerco a ellos y comienzo a platicar de manera muy coloquial, sin ánimos de una entrevista. Me cuentan un sinfín de experiencias. Llevan dos años y cuatro meses en pie de lucha, la campana de la iglesia, indica al pueblo, cuando hay algún intento de transgresión por parte de la empresa o del Estado, tienen un campamento a orillas del río, por donde la empresa brasileña pretende introducir la maquinaria, mantienen guardias de doce por doce horas los 365 días del año tanto en el pueblo, como en el campamento, son apoyados por organizaciones internacionales. Es una lucha que no se rinde, se mantiene; el espíritu de la rebeldía toma una representación gráfica aquí, en este pequeño pueblito, que no se rinde.

Ellos me explican que la presa causaría graves daños al río, en primera: obstruiría en gran parte su caudal (razón por la que el turismo viene, pues son ríos rápidos que perfectamente sirven para la actividad de descenso. Hay más de diez agencias de turismo que ofrecen la actividad de descenso del río), la obstrucción a su vez acabaría o reduciría de manera significativa con el marisco de río, gran atractivo gastronómico; segunda: la aminoración del caudal mermaría las cosechas, lo que afectaría directamente a la economía, no solo del pueblo, sino de otras comunidades que dependen en gran parte de este caudal, como la cuenca de La Antigua; y tercera: la disminución en el abastecimiento del agua potable en gran parte del estado.

Saúl y Gregorio son los vigilantes en turno y aunque saben que la labor es difícil no pierden una sonrisa. Me comentan que la lucha ha sido larga, pero que han obtenido frutos de manera muy paulatina. De la misma manera me mencionan que se encuentra en curso un proceso legal.

– Dicen que ya no van a construir nada, pero nosotros queremos algo que nos respalde por escrito – comenta Gregorio con cierto sarcasmo.

También me cuentan de una cementera – que recorrí durante el trayecto a Jalcomulco –, la cual, los deshechos que esta produce son vertidos en el río, empero, su lucha contra ella, no fue fructífera.

«*La lucha contra la presa se ha vuelto fuerte. Actualmente otras comunidades nos apoyan*». comentan Gregorio y Saúl. Cuando se iniciaron las acciones de construcción, desplazaron a varios pueblos a base de engaños. En ese momento, se dieron cuenta, que la presa no era algo que los beneficiaría y fue cuando la disidencia comenzó. «*Ahora hay varias comunidades, pequeñas, que nos apoyan. Cada vez que hay una emergencia, ellas van con nosotros*» comentan los entrevistados.

Su mayor preocupación es el río. De ahí viven. La pesca y el turismo son su mayor entrada económica, el pueblo se mantiene a sí mismo; de ahí su sustentabilidad.

La rebeldía es una cualidad que nace por la necesidad. Criminológicamente, vamos a verlo de esta forma. Jalcomulco, en sus adentros, es una población por más pacífica, es decir, sus pobladores viven un entorno tranquilo. Sin embargo, su tranquilidad se acaba cuando vemos la amenaza a su mayor fuente de ingresos: el río. Ahí nace la gastronomía y los ríos rápidos (uno de sus mayores atractivos). Si bloqueas la entrada económica de una comunidad no puedes esperar más que enojo, rabia y odio. Dice Hipólito Rodríguez, experto en estudios superiores Social-Golfo (2015):

Van a captar agua de una zona ubicada 500 metros sobre el nivel del mar para llevarla a un lugar a mil 500 metros sobre el nivel del mar; de Jalcomulco –que alimenta el río La Antigua– a Xalapa. Bombear agua de un lugar tan bajo a uno tan alto implica un costo energético sumamente alto.

Un proyecto que no es, ni cercanamente, sostenible o autosustentable, como lo llaman, y que lo han vendido como la panacea al desabastecimiento de agua que no existe, pero que si afecta, no se puede llamar un proyecto para todos.

Entonces, si, tenemos una población que se encuentra ante las exigencias neoliberales, de una presa hidroeléctrica que acabaría con el turismo y la gastronomía y la reducción de agua potable ¿Dónde dejas a los cientos de desempleados? ¿Qué pasa con la gente que dejó de recibir agua para el consumo humano y para las cosechas?

Ahí entra la Criminología. Este tipo de recursos naturales, son fundamentales para la preservación y la manutención del turismo. Por consiguiente, la dinámica socio-económica de la población depende de estas actividades. Su supervivencia depende del turismo y la lucha se fundamenta en lo mismo.

Pocas veces el Estado es visto como un ser antisocial, sin saber que él puede ser mucho más dañino que un criminal normal (o como así lo llamamos), las aprobaciones que éste da, son de harto riesgo para el regodeo de esta comunidad. Las reformas contaminadas de un neoliberalismo depredador, no dejan nada a los pobladores.

¿A dónde arrojamos a los ciudadanos despojados de su labor? El desempleo, nos muestra una agravante para cometer actos en contra de la sociedad. Dejar a un hombre sin trabajo, significa que buscará la forma de mantener a cuatro o cinco integrantes, que dependen él: su familia. La situación no es para nada difícil, simplemente basta con ver que 71 guías acuáticos, quedarían sin empleo. El costo por el beneficio no reditúa en nada.

Si no hay manera de emplear, no solo a los 71 guías, sino a los hoteleros y restauranteros, ¿qué podríamos esperar de ellos?; el día de mañana Jalcomulco y poblaciones aledañas serían territorio narco y con mucha razón.

El artículo 27 de nuestra constitución habla sobre las tierras y aguas que pertenecen a territorio mexicano, si esto se transgrede (como se está haciendo con la empresa brasileña) y se cae en la antinomia que se ha venido pregonando durante largos años, pero que sin embargo no hay respuestas populares al respecto, no nos sorprenda que el día de mañana todos los recursos naturales de nuestra tierra sean subastados y entonces la Criminología no encontrara más criminogénesis que la necesidad básica de sobrevivir.

La Criminología se ha abocado únicamente por estudiar el comportamiento violento de los individuos en particular, sin embargo, el Estado (y también las empresas) actúan como entes violentos que vulneran los derechos de la sociedad.

Es la corrupción la que permite que el contubernio corporativismo se lleve a cabo, por eso las voces alzadas no son escuchadas, ni tomadas en cuenta. Al Estado no le conviene y no le interesa, pero eso no quiere decir que la condición de criminal se deslinde de él. Aunque el Estado no es una persona física, las acciones que emprende son anticonstitucionales, es decir, perpetran el Estado de derecho, violando los derechos de miles de ciudadanos. El Estado mexicano es un gran delincuente, pero los pobladores de Jalcomulco los han sabido detener, eso nos advierte algo: la fuerza siempre ha permanecido en nosotros. Llevan dos años y cuatro meses en pie de lucha, más comunidades se han unido y, por el momento, la construcción se mantiene detenida en respuesta de los órganos correspondientes.

Jalcomulco es la muestra de la unión, la rebeldía por una causa justa, la disidencia contra un gobierno neoliberal y la lucha contra la aniquilación. Todo Veracruz, todo México y todo el mundo debería tomar a Jalcomulco como ejemplo; no se necesitan muchos, pero si mucha voluntad, mucha fuerza y mucha osadía para mantenerse cuando el sol salga y cuando el crepúsculo resguarde la luna.

La lucha continúa y el río aún sigue su curso.

Dedicado a Gregorio, Saúl y Álvaro, incansables centinelas a la orden de su pueblo y al amor de su río.

Las mujeres del Quijote vistas con los ojos del siglo XXI

Javier Nistal Burón. Jurista del Cuerpo Superior de Instituciones Penitenciarias. @NistalBuron

"El saber es la única propiedad que no puede perderse jamás"

Con motivo del IV centenario de la muerte de Cervantes, he querido hacer un sencillo y humilde homenaje al autor más universal de las letras españolas, mediante una breve reflexión sobre la identidad femenina en la obra más importante de este autor y que le ha hecho inmortal, *"El Ingenioso Hidalgo Don Quijote de la Mancha".*

Las mujeres reales y fantásticas que compartieron aventuras con Don Quijote de la Mancha

En la sociedad en la que Don Quijote acomete sus múltiples aventuras y desventuras, allá por el Siglo XVI, el papel de la mujer no era otro que el estar sometida a los dictámenes del varón, su ámbito de autonomía femenino nunca excedía el del hogar y, si no sentía en su vida la vocación de hacerse moja, se convertía en esposa y protegida de su marido. A esta mujer no se le podía presuponer tacha o falta alguna, había de estar adornada de virtudes tales como la de ser parca en el hablar, discreta en el mirar, digna en el proceder, diligente en el actuar y, ante todo y sobre todo, sumisa y obediente.

Ballet representando El Quijote

Este tipo de mujer, lo encarna a la perfección el personaje de Camila, mujer de Anselmo, cuya historia se relata dentro del Quijote, como novela aparte, con el título *"El curioso imperti-nente"*. Esta mujer es sometida, sin que ella lo sepa, a una prueba de fidelidad por parte de su marido, quien desea saber si Camila sería capaz de superar las solicitudes amorosas, previamente acordadas, que le haría llegar su mejor amigo, Lotario. Camila es una mujer honesta, fiel y hacendosa y su marido lo sabe de sobra, pero ello no parece ser suficiente para él, quien, a pesar de conocer las virtudes de su esposa, la pone a prueba, que por cierto, esa prueba diabólica tiene un final trágico, que yo no quiero desvelar por si el lector de este artículo, no hubiere leído la historia y le pica el deseo de conocer su desenlace, que sepa que lo puede encontrar entre los capítulos XXXIII y XXXV de la primera parte del Quijote.

De las muchas mujeres que se cruzan en la vida de Don Quijote, pues lo primero que salta a la vista cuando seguimos a nuestro Hidalgo en su aventuras, son los numerosos personajes femeninos con los que se topa, tenemos que empezar haciendo referencia, en primer lugar, a su amada Dulcinea, dama imprescindible para cualquier caballero andante, que se precie. Con este propósito Don Quijote se inventó a Dulcinea del Toboso, una mujer ideal, aunque irónicamente basada en la labradora Aldonza Lorenzo, poco agraciada físicamente. Esta función instrumental de Dulcinea, la pone de manifiesto Don Quijote en esta frase *"...... porque el caballero andante sin amores era árbol sin hojas y sin fruto y cuerpo sin alma"* (Capítulo I de la primera 1ª parte). Don Quijote necesita tener una dama a quien encomendarse y convertirla en el motor impulsor de todas sus venturas y esa es Dulcinea del Toboso. Hasta tal punto que cuando la existencia de Dulcinea se cuestiona, don Quijote admite que no es importante averiguar si existe o no, lo cual delata que sólo le importa tenerla como imagen: *"Dios sabe si hay Dulcinea o no en el mundo, o si es fantástica, o no es fantástica; y éstas no son de las cosas cuya averiguación se ha de llevar hasta el cabo. Ni yo engendré ni parí a mi señora, puesto que la contemplo como conviene que sea una dama que contenga en sí las partes que puedan hacerla famosa en todas las del mundo"* (Capítulo XXXII de la 2ª parte).

Además de Dulcinea del Toboso en la vida de Don Quijote, están presentes otras mujeres, empezando por su ama y por su sobrina, servidoras, sumisas e incultas; Teresa Panza, la mujer de su escudero, mujer sencilla y analfabeta; a quien no se le puede negar el esfuerzo que hace para sacar adelante la casa y el cuidado de sus hijos, mientras su marido anda envuelto en las desventuras de Don Quijote. De las penurias económicas sufridas por la ausencia de Sancho Panza, dan buena muestra estas palabras de Teresa Panza a la vuelta de su marido a casa, tras la segunda salida de Don Quijote *"mostradme esas cosas de más consideración y más momento, amigo mío, que las quiero ver, para que se me alegre este corazón, que tan triste y descontento ha estado en todos los siglos de vuestra ausencia"* (Capítulo LII de la 1ª parte). Teresa Panza es también una mujer muy realista y conservadora, como se pone de manifiesto en el capítulo V de la 2ª parte, con una visión del mundo muy consecuente con su realidad, alejada de las fantasías de su marido, como podemos apreciar en este discurso que hace a su marido: *"Vivid vos, y llévese el diablo cuantos gobiernos hay en el mundo; sin gobierno salistes del vientre de vuestra madre, sin gobierno habéis vivido hasta ahora y sin gobierno os iréis, o os llevarán, a la sepultura cuando Dios fuere ser-*

vido. [...] casadla (se refiere a Mari Sancha, la hija de ambos) con su igual, que es lo más acertado; que si de los zuecos la sacáis a chapines, y de saya parda de catorceno a verdugado y saboyanas de seda, y de una "Marica" y un "tú" a una "doña tal" y "señoría", no se ha de hallar la mochacha, y a cada paso ha de caer en mil faltas, descubriendo la hilaza de su tela basta y grosera". Como podemos comprobar, está claro que Teresa Panza se conforma con lo que es y con lo que tiene, sin pretender abarcar aquello que no le corresponde (Capítulo V de la 2ª parte).

Son otras muchas las mujeres que aparecen en la vida de nuestro Caballero andante, como es el caso de reina Ginebra con su dama Quintañona; la recia Maritornes, mujer desinhibida sexualmente, ruda, inculta que trabaja en la venta de Palomeque, que es descrita con unos rasgos, realmente, poco atractivos: ancha de cara, llana de cogote, de nariz roma, de un ojo tuerta y del otro no muy sana y de espaldas cargadas, pero adornada de otras virtudes como la de ser cumplidora de la palabra dada porque presumía muy de hidalga, la de ser puntual a sus citas, aunque se hubiese concertado para cosas tan deshonestas como yacer con un arriero y la de ser compasiva cuando a iniciativa propia da al manteado de Sancho Panza agua y no duda en cambiarla por vino a petición del mismo Escudero; la épica Marcela, feminista en su discurso, autónoma, libre, e independiente de los hombres; la bella Dorotea culta, aventurera y dueña de su vida; la Duquesa, mujer noble, culta, aburrida de la vida ordinaria, cruel en sus bromas y juegos; Zoraida, la mora hija de Aji Morato, que huye de su casa y ayuda a un grupo de cristianos a escaparse de Argel y expresa su deseo de casarse con uno de ellos (un personaje forjado como trasunto del propio Cervantes); Luscinda la enamorada de Cardenio, que es obligada por sus padres a casarse con don Fernando; tras el enlace, se desmaya y los asistentes al acto comprueban que lleva en su pecho una carta en la que aparece escrito que sólo puede ser de Cardenio, reafirmado su amor por él y, al mismo tiempo, la obligación que tenía de obedecer a sus padres; Clara de Viedma, la hija del oidor, enamorada de don Luis, que renuncia a casarse sin el consentimiento de su padre; Casildea de Vandalia, la imaginaria dama del Caballero de los Espejos; la hermosa Quiteria, prometida del rico Camacho; Altisidora que por burla fingía estar enamorada de don Quijote; la Dueña Rodríguez; Melisendra esposa de don Gaiferos, a quien tenía cautiva el rey Moro Marsilio, que por su marido es rescatada, lo que motiva la persecución por parte de los moros. Llegado este lance, don Quijote destruye el teatro y los muñecos, con el fin, según él, de salvar a los fugitivos, acto que es presenciado y soportado con gran asombro y desesperación por parte de Maese Pedro, que era uno de los galeotes liberado por Don Quijote, de nombre de Ginés de Pasamonte, que ahora se dedica como titiritero y representa con un teatrillo de marionetas la liberación de Melisendra; Doña Guiomar de Quiñones mujer del regente de la vicaría de Nápoles; la reina doña Maguncia del famoso reino de Candaya y su hija la infanta Antonomasia: Belerna la dama del caballero Durandarte y las hijas de Ruidera; Leandra hermosa hija de un rico labrador; doña Cristina mujer del Hidalgo Diego de Miranda, caballero del verde gabán; doña Dolorida, alias de la Condesa Trifaldi; Leonora la hija del rico Balbastro; la princesa Micomicona; Sanchica la hija de Teresa y Sancho Panza; la intrépida Claudia Jerónima, que no duda en matar a su prometido cuando se entera que se ha desposado con otra mujer; Leandra la mujer de Palomeque el ventero, mujer caritativa, donde las haya, que se duele de las calamidades de sus prójimos, razón ésta que le movió a acudir a curar a Don Quijote cuando llegó a su venta molido a palos, tras la aventura de los yangüeses. Ella y su hija emplastan al golpeado hidalgo y lo atienden en todo momento; las dos damas-prostitutas, la Tolosa y la Molinera, son las primeras mujeres con las que contacta don Quijote tras su primera salida y que asisten a la ceremonia en la venta en que es armado caballero nuestro Hidalgo. Estas damas son descritas como poco agraciadas físicamente, quizás esta descripción nos traslade la idea, no tanto de que las prostitutas no puedan ser hermosas; como lo que realmente les afea sea la ocupación que tienen, indisolublemente unida al honor y la honestidad, que por ser la que es, impide que la belleza aflore. Sin embargo, esta idea tan negativa hacia las prostitutas luego se transforma en positiva cuando son ellas las que dan de comer y beber a nuestro valeroso Hidalgo, le ayudan a desvestirse y le ciñen la espada y la espuela en el ritual burlesco con el que Don Quijote es armado caballero, a quien, por cierto, en su locura le parecieron dos hermosas doncellas o dos graciosas damas solazándose en la puerta de lo que para nuestro Hidalgo era un castillo, hasta tal punto que cuando Don Quijote les pregunta su nombre y le contestan humildemente que se llaman Tolosa y Molinera, Don Quijote les replicó que le hiciesen merced que de allí en adelante se pusiesen don y se llamasen *"doña Tolosa"* y *"doña Molinera"*.

Los valores que identifican la condición femenina en El Quijote

Hay dos personajes femeninos en el Quijote como son los de Dorotea y Marcela, dos claros ejemplos de los valores que identifican la condición femenina: la libertad, la independencia y la dignidad. Como sabrá el lector, el anhelo de libertad fue el acicate de las más arriesgadas empresas en las que se embarcó Don Quijote en sus muchas aventuras, la mayoría de las cuales no terminaron bien para su integridad física y la de su fiel escudero. Este ansia de libertad, le lleva a Don Quijote a pronunciar estas certeras palabras en una de las conversaciones que mantiene con su escudero *"La libertad, Sancho, es uno de los más preciosos dones que a los hombres dieron los cielos; con ella no pueden igualarse los tesoros que encierra la tierra ni el mar encubre; por la libertad así como por la honra se puede y debe aventurar la vida, y, por el contrario, el cautiverio es el mayor mal que puede venir a los hombres"* (Capítulo LVIII de la 2ª parte).

Dorotea, el mejor ejemplo de mujer valiente. Ella es una mujer que accede a los deseos libidinosos de don Fernando convencida de los nobles propósitos que él le hace ver, pero luego descubrirá que todo es mentira y acongojada por su deshonra, saldrá dispuesta a buscar a su burlador para que repare lo que ha hecho cumpliendo su promesa de matrimonio. Sale de su casa y, en un símbolo de la perdición total, se enfrenta a un mundo en el que está totalmente desprotegida, hasta el punto de necesitar disfrazarse de hombre para poder evitar los peligros que acechan a una mujer sola en un mundo dominado por los hombres. Dorotea es una mujer valiente, que deja su familia, sus bienes y sus comodidades para vivir sola en el bosque y evitar así la pena de sus padres.

Dorotea lucha por recuperar el respeto de la sociedad, el respeto de sus padres y su honor personal. Ella quiere que la persona que le quitó su honra, sea quien se la devuelva y, con este objetivo, Dorotea haciendo gala de valentía y dignidad, a pesar de su condición de labradora, hará frente a todo un caballero poderoso como es don Fernando, su burlador, con estas palabras: *"Yo soy aquella labradora humilde a quien tú, por tu bondad o por tu gusto, quisiste levantar a la alteza de poder llamarse tuya; soy la que, encerrada en los límites de la honestidad, vivió vida contenta hasta que a las voces de tus importunidades y, al parecer, justos y amorosos sentimientos abrió las puertas de su recato y te entregó las llaves de su libertad, dádiva de ti tan mal agradecida cual lo muestra bien claro haber sido forzoso hallarme en el lugar donde me hallas y verte yo a ti de la manera que te veo. Pero, con todo esto, no querría que cayese en tu imaginación pensar que he venido aquí con pasos de mi deshonra, habiéndome traído solo los del dolor y sentimiento de verme de ti olvidada. Tú quisiste que yo fuese tuya, y quisístelo de manera que aunque ahora quieras que no lo sea no será posible que tú dejes de ser mío. [...] Tú no puedes ser de la hermosa Luscinda, porque eres mío, ni ella puede ser tuya, porque es de Cardenio; y más fácil te será, si en ello miras, reducir tu voluntad a querer a quien te adora, que no encaminar la que te aborrece a que bien te quiera. Tú solicitaste mi descuido, tú rogaste a mi entereza, tú no ignoraste mi calidad, tú sabes bien de la manera que me entregué a toda tu voluntad: no te queda lugar ni acogida de llamarte a engaño; y si esto es así, como lo es, y tú eres tan cristiano como caballero, ¿por qué por tantos rodeos dilatas de hacerme venturosa en los fines, como me hiciste en los principios?"* (Capítulo XXXVI de la 1ª parte). Después de este discurso, el abrumado caballero, sólo podrá declarar: *"Venciste, hermosa Dorotea, venciste; porque no es posible tener ánimo para negar tantas verdades juntas"*. Dorotea consigue así que don Fernando repare su deshora haciéndola su esposa.

Marcela, un buen ejemplo de mujer libre e independiente. El pastor Grisóstomo se suicida porque Marcela no atiende a sus razones amorosas. Ella es acusada y despreciada por ser la causante de esta muerte. En el entierro del pastor, Marcela se muestra a todos los presentes y Ambrosio, un amigo del difunto, se dirige a ella en estos términos tan duros: *"¿Vienes a ver, por ventura, ¡oh fiero basilisco destas montañas!, si con tu presencia vierten sangre las heridas deste miserable a quien tu crueldad quitó la vida? ¿O vienes a ufanarte en las crueles hazañas de tu condición, o a ver desde esa altura, como otro despiadado Nero, el incendio de su abrasada Roma, o a pisar, arrogante, este desdichado cadáver, como la ingrata hija al de su padre Tarquino? Dinos presto a lo que vienes, o qué es aquello de que más gustas; que, por saber yo que los pensamientos de Grisóstomo jamás dejaron de obedecerte en vida, haré que, aun él muerto, te obedezcan los de todos aquellos que se llamaron sus amigos".*

La respuesta de la pastora Marcela es un verdadero canto revolucionario a la libertad de la mujer, su derecho a elegir y de su derecho a que las dejen en paz, pero además es bien razonable pues utiliza argumentos inapelables cuando se expresa de la siguiente mantera: *"Yo conozco —dice— que todo lo hermoso es amable; mas no alcanzo que, por razón de ser amado, esté obligado lo que es amado por hermoso a amar a quien le ama."* Se permite ridiculizar razonamientos masculinos que se presentan como naturales: ¿y si quien ama lo hermoso es feo, será entonces esta desigual lógica la suya: *"quiérote por hermosa: hasme de amar aunque sea feo"*? Se permite incluso imaginar lo que ocurriría si los seres hermosos, con ser muchos, hubieran de corresponder a la muchedumbre de deseos que suscitan. Su lógica es implacable.

Además, Marcela exhibe el poder de la libertad individual, cuando dice *"Yo nací libre, y para poder vivir libre escogí la libertad de los campos".* Que nadie se queje del daño causado por una hermosura que ella no eligió y que, en uso de su libertad, ha puesto lejos de quienes la desean: *"Fuego soy apartado y espada puesta lejos".* Que nadie se queje si no se siente obligada a amar por voluntad propia: *"El pensar que tengo de amar por elección es escusado".* Por último, Marcela se manifiesta totalmente independiente cuando se expresa en estos términos *"el que me llama fiera basilisco déjeme como cosa perjudicial y mala; el que me llama ingrata no me sirva; el que desconocida, no me conozca; quien cruel no me siga; que esta fiera, este basilisco, esta ingrata, esta cruel y esta desconocida ni los buscará, servirá, conocerá ni seguirá en ninguna manera [...] Yo, como sabéis, tengo riquezas propias, y no codicio las ajenas; tengo libre condición, y no gusto de sujetarme [...] Tienen mis deseos por término estas montañas"*. La conclusión de este discurso cae por su propio peso, cual es que a Grisóstomo *"antes lo mató su porfía que mi crueldad"*. Marcela prefiere estar sola, sin hombres, para poder vivir libre en las montañas en vez de jugar el papel tradicional de la mujer que tiene que casarse cuando un hombre la desea. Ella no quiere ser la mujer que tiene que seguir las exigencias de un hombre, quiere vivir su propia vida y no ser controlada por otra persona. Con sus propias palabras Marcela lo dice expresamente: *"Yo nací libre, y para vivir libre escogí la soledad de los campos"* (Capítulo XIV de la 1ª Parte).

Resumen

El plantel de las mujeres en el Quijote es tan amplio como variado, las hay que son reinas, princesas y duquesas, otras sin embargo simples pastoras y/o labradoras, las hay que son ricas y otras que son pobres, unas que son cultas y otras analfabetas, unas que son doncellas y otras prostitutas, unas son hoscas y otras compasivas, las hay que son serias y otras divertidas, graciosas, socarronas y hasta irónicas, las hay que son dóciles y apasionadas y otras inquietas y temperamentales, las hay fuertes y otras que son vulnerables etc., pero todas ellas están dotadas, en su condición femenina, del brillo y el esplendor que se merecen en igualdad con los hombres, tienen personalidad, son libres e independientes, valores que la sociedad de aquellos tiempos - siglo XVI- les negaba y que Don Quijote les reconoce, como si fueran mujeres del siglo XXI, por lo que podemos afirmar que las mujeres de Don Quijote vivieron en el siglo XVI, como si lo hubieran hecho en el siglo actual. Desgraciadamente, hoy día, en muchos países, las mujeres que son de este siglo XXI, viven conforme lo hacían en el siglo XVI, echando de menos que un caballero andante como Don Quijote luche por la dignificación de su condición femenina y pelee por sus derechos, desafiando las limitaciones que estas mujeres encuentran en su sociedad.

El entusiasmo del perro, la oportunidad del felino, el exotismo de la iguana

Jose Servera. @JoseServera

Ya han sido unas cuantas veces las que me he dicho a mi mismo "no vas a escribir más artículos de esos motivacionales de mierda, no más *puke rainbows* joder" (Sí, mi discurso interior está repleto de memes y insultos, pero de cara al exterior procuro moderarme un poco). Sin embargo, aquí estoy una vez más haciendo que las teclas suenen muy fuerte (siempre he pensado que cuanto más aporreo el teclado más contundente y seguro suena mi argumento, puro imaginario personal) escribiendo algo que podría ser altamente calificable como de autoayuda, lo cual me horripila. Pero oye, como mínimo aviso de que lo que viene a continuación es un artículo gratuito e innecesario, que hay que ir con la verdad por delante.

Para qué nos vamos a engañar: el panorama para el criminólogo sigue siendo bastante desalentador. Se sigue cayendo en los mismos clichés, en los mismos prejuicios, en los mismos errores. Muchas universidades siguen rellenando sus jornadas de inserción profesional con ponencias de miembros de los cuerpos y fuerzas de seguridad del estado, que con todo el respeto a su labor, no aportan nada nada nuevo más allá de exponer cómo acceder a un puesto policial a través de una oposición. Vamos, que se lo podrían explicar por igual a un criminólogo que a un estudiante de bellas artes, les valdría la misma charla. Se trata de una información que puede ser útil para algunos, pero no ayuda demasiado a que se generen oportunidades para los criminólogos.

Se cae también en el error de buscar la pureza criminológica, en avergiuar quién es el más criminólogo del universo, cuando lo único que hace ese determinismo es cerrar el círculo de tal modo que nos dificulta la apertura hacia huecos profesionales que podrían explorarse desde nuestra perspectiva. No existe el criminólogo como figura ontológica, ni existirá nunca. Es absurdo que nos comparemos con un médico para justificar que se tenga que acotar nuestra figura profesional, pues ni las herramientas de las que disponemos, ni nuestras competencias, son exclusivas: las compartimos con otras ramas de ciencias sociales y jurídicas. Podemos ser diferentes, pero no somos únicos, hace falta esa cura de humildad. Eso no tiene que ser percibido como algo negativo, sino que precisamente debe fomentar el cooperativismo con disciplinas afines como el trabajo social, la sociología, la psicología e incluso las humanidades, que aunque nos parezcan muy alejadas de la Criminología a priori, fueron la fuente de inspiración de más de una teoría criminológica. No se es más criminólogo por el tipo de formación que uno tiene, sino por lo que es capaz de aportar tanto en el plano social como en el profesional a partir de sus conocimiento criminológicos.

Porque señores, señoras, señorxs, señor@s, lo que nos va a impulsar hacia adelante no tiene tanto que ver con ese discurso manido y etéreo, sino aspectos que en realidad se ciernen entre lo emocional y lo estratégico. Porque creo que, actualmente, la generación de criminólogos debe aprovecharse de tres cualidades que generalmente posee, y que se pueden identificar con tres animales:

1. El entusiasmo del perro. Debo reconocer que, a pesar de no haber tenido nunca un perro, algo que me ha fascinado

siempre es el recibimiento entusiasta y casi extasiado del perro sobre las personas a las que ama. Incluso aunque en ocasiones ese exultante saludo no sea igualmente correspondido por la persona, el perro no pierde el ánimo y sigue saludando a su dueño de la misma forma día sí, día también. De ahí que sea, con perdón de los gatos, el animal de compañía más querido. Lo mismo debe conseguir el criminólogo: mostrar tal entusiasmo por lo que aprende y por lo que hace, que la sociedad se quede encantada de tener a un *animal* así. El entusiasmo no abre todas las puertas, pero como mínimo consigue atraer.

2. La oportunidad del gato. Gato sí he tenido alguno que otro, y mi simpatía hacia ellos radica en ese saber estar en el momento adecuado, cuando ellos consideran oportuno. Tienen algo fascinante: son capaces de hacerse querer a la vez que pasan olímpicamente de tu cara, y eso no es nada fácil conseguirlo. Pero dado que son conscientes de que un comportamiento excesivamente pasivo sobre sus dueños puede suponer implicaciones nefastas en el racionamiento de comida y calor humano, ya buscan satisfacer emocionalmente al dueño de vez en cuando para que quede contento. Creo que para los gatos somos en realidad un pequeño gran *tamagochi* al que educan para que le limpie las cacas, le proporcione el mejor pienso y le deje el mejor hueco para dormir en la cama. Ese es su objetivo vital, y para ello elaboran sus sutiles artimañas con las que, igual que los perros, también acaban conquistando los corazones de las personas. Yo doy fe porque lloré cuando murió mi primera gata, a pesar de dejarme un arañazo estilo Lobezno en la cara o de atacarme a traición saltando por detrás del sofá. El criminólogo debe ser capaz de hacer lo mismo. Con discreción, sin hacer demasiado ruido, sutilmente, sabiendo encontrar el momento adecuado, pero con un plan de asalto concreto. Esa templanza es la que nos hará detectar y abalanzarnos en el momento adecuado sobre las oportunidades que surjan. Con sigilo, pero con firmeza cuando se pasa a la acción.

3. Finalmente, identifico el exotismo de la iguana con algo que es incontestable: que de un modo u otro llamamos

la atención por lo desconocido de nuestra figura. Curiosamente esto suele ser percibido negativamente, en el sentido de que nos hastía que se nos confunda con lo que no somos, pero al fin y al cabo es cuestión de ser capaces de aprovechar ese interés inicial para dar a conocer todo aquello que sí hacemos.

Ya he avisado al principio del artículo que este texto corría el riesgo de tornarse motivacional. Ello se debe a que, a pesar de las críticas realizadas, a pesar de seguir cayendo en errores pasados, no tengo la menor duda de que estamos muchos mejor que unos años atrás. Y eso me lo demuestra el hecho de que estamos abriendo caminos y virando hacia espacios que hasta hace poco nadie contemplaba, a través de iniciativas emprendedoras por parte de diferentes grupos de criminólogos: en el ámbito de la empresa (*Minimize Risk*), de la seguridad vial (*Observatorio Criminológico de Seguridad Vial*), de la educación en las escuelas (*School Market*) o de los despachos profesionales (*DACRIM*). Todos con sus dificultades, pero a la vez con muchas papeletas para convertirse en referentes de las respectivas áreas.

Cuando en 2011 lanzamos *Criminología y Justicia* todo era desierto y eran pocos los que lanzaban proyectos con la Criminología por bandera. Ahora, 5 años más tarde (que no es tanto tiempo), esa sensación no es tal: con cierta regularidad observamos cómo aparece alguna nueva iniciativa. Ese cambio es precisamente el que nos anima aún más a seguir trabajando en nuestra consolidación como *think-tank* criminológico, trabajando siempre con la seña de identidad que nos caracteriza: la independencia. No dependemos de ninguna universidad ni recibimos subvenciones públicas, y nos tomamos la licencia de ser críticos con todo lo que se nos ponga por delante, porque creemos que eso es lo que nos hace falta para seguir construyendo nuestro futuro.

Somos atractivos y nos entusiasmamos con lo que hacemos. Elaboremos un plan a conciencia para aprovechar esas virtudes.

www.ingramcontent.com/pod-product-compliance
Lightning Source LLC
Chambersburg PA
CBHW050512290526
45786CB00007B/2539